課題解決《ソリューション考》

高校新聞界&地域で　弱小新聞部顧問からの軌跡

How to

課題解決
ステージ0　企図の発芽
ステージ1　課題の認識
ステージ2　解決案模索
ステージ3　解決案補強

坂下富

22世紀アート

表紙写真

ばら星雲。赤いばらの花のようで、人の脳内を思わせる。

混沌の中から必要な要素を見つけ・結びつけ「企図を発芽」させ、「課題の認識」へと発展させる。そこからソリューションが本格化する。

＊本書はレポートや寄稿文などを引用し当時の文体や和暦、西暦年、漢数字と算用数字などが混在しています。ご理解下さい。

目次

序に代えて

故・中村哲医師に捧げる

課題の発見、それがソリューションの始まり

〝ソリューション〟と聞いてその意味をすぐに了解出来る人は決して多くないだろう。中村哲医師はアフガニスタンへ赴き、医療の改善に取り組み、社会経済の課題に気づき、その解決に取り組み大きな足跡と成果を挙げた。中村医師は大きな視点と行動力を伴った、ソリューションの実践者であり、私が尊敬している偉大な人です。

○○ソリューションズ？

坂下富（サカシタミツル、以下坂下）が〝ソリューション〟という言葉に関心を持ったのは、40年勤めた富山国際大学付属高校を定年で辞めてしばらく月日がたった頃である。会社名にソリューションを付したのが目立ったからである。字義は「問題を解決する・解明する」とあった。社名のソリューションは「数学の問題に解答する」等の字義とはかなり異なるように思えた。

ある大手の〇〇ソリューションズは「課題解決のノウハウ、事例、ソリューションなどのお手伝い」を掲げている。会社名でソリューションは、自分の会社をソリューションすることを意味せず、他の会社・団体等の課題解決をお手伝いするキャッチフレーズと理解できる。

学校では長らく生徒に教えたことをテストという形で確認していた。近年では一部の学校ながら、生徒自らの「課題解決」を目指す指導を唱う例もある。個人も集団・企業も自治体・国家までもそれぞれに課題とそれとどう向き合い解決できるか、解答を求めているのではないか。

戦争もソリューションの最たる対象となっているのではないか。敵を如何に倒すのかという課題に、戦略・戦術さらに兵員や武器などの軍需を如何に整えるか、の解を準備しまたは実践しているのではないか。

ソリューションを掲げようと掲げまいと、「課題」の認識と「解決」を日々、月々、年々意識しない企業や団体はそれなりに成果をあげていないはずで、いずれ衰亡の憂き目を見るのではないか。中には先例墨守で課題を認識しようとせず、それが歴史だ伝統だとし、解決を志向しない企業や団体、個人も見受けられる。

一般の人々の多くも大なり小なり、「課題」と「解決」をいろんな場で無意識に実行しているのではないか。個人レベルでは、日々に献立・掃除や家計のやりくりも「課題」と「解決」の連続であり、誰かを恋する人もソリューションの中にいるはず。人それぞれにソリューションを迫られているのではないか。「課題」に気づいても、必ずしも「解決」にたどり着けないことも多いはず。

その一方、新聞の相談欄に「言われたことしかしない夫」の相談例があった。家庭でも職場でも言われたことはする、出来るが、自分では「課題」すら認識しない人もいることは疑いを挟まない。また余分なことを考えないで決められた仕事をきちんとこなす人もいる。坂下などはひとつのことが完結する前に、あれこれ考え気が反れ、疲れを覚えてしまう。

中村哲医師──

パキスタン・アフガニスタンへ医療援助に赴き、やがて医療と並んで経済の自立、社会の改善が必要と、砂漠地帯に自らが水路を開きはじめた。その動きはやがて現地の人々も巻き込み、日本からの支援活動も加わり水路は完成した。中村医師はその完工を見ることなく凶弾に倒れた。

中村医師はアフガニスタンの地に立ち「課題を見つけ、それを解決」を求め続けたソリューションの人と言えるだろう。

しかし、中村医師がいきなり「課題」を見つけた訳ではないようだ。「企図」を持つきっかけが、山岳会の同行医師として誘われ、アフガニスタンとパキスタンの国境にまだがるヒンズークシ山脈に入り、トラコーマやハンセン病者に出会った。その6年後パキスタンのペシャワールの病院に赴任し、ハンセン病の治療に当たることになった。そしてアフガニスタンへ。２回のアフガニスタン行きが中村医師の「企図」の発芽を促したと言えないだろうか。いろいろな人や場面との出会いが「企図」との出会いであり、その出会いを受け入れ、楽しんだ中村医師だからこそ偉大なソリューションを成しえたとしか思えない。

中村医師は『わたしは「セロ弾きのゴーシュ」』＝ＮＨＫ出版で次のように話している。

《仕事の都合で（略）たまたまですね、ティリチミールというのは一番高い山ですけれども、それが真向かいに見えるところですね、この仕事ができるというのは、もう、非常にうれしいですね。患者さんには悪いけれども、非常にうれしゅうございます》

《現地はですね、人を退屈させないところなんですね。なんかもう一つ問題が片付いたなと思うときに、また新たな問題が起きてくる。（略）頑張れば何とかできそうだなということが、次々と起きてきて。それに追いまくられて。気づいたら二十年が経っていたというのがですね、ま、真相じゃないでしょうかね》

中村医師の広い視野と実践力、アフガニスタンの人々に寄せる情愛に、坂下富は心から敬愛、尊敬し、勝手ながら坂下富の『課題解決《ソリューション考》』を捧げさせて頂きます。

坂下は、普通に小中高校を経て大学教育学部を卒業して新設３年目の私立・富山女子短大付属高校に職を得た。社会科、主に視聴覚教育と進路指導、いくつかの部顧問等を務めた。当時珍しい世界一周24日間の教育視察でソ連からヨーロッパ・アメリカも巡らせてもらった。

日々の仕事や明け暮れ、家庭を持ち、平凡であまりにも普通の、何ら問題意識もなく過ごしていたように思う。坂下の人生の転換点は、休刊中の『付高新聞』と1人の女子生徒（女子校なので全員女子）との「半年前の遭遇の記憶」からソリューションが始まり、今にして思えば、私のささやかなソリューション実践は、自分の職場で発芽し、成長し、坂下が変質・変容し、やがて自分の住む地域をソリューションに巻き込んだ気がする。授業は「教える」「テストで確認」の形を脱することは出来ないままに退職していた。

坂下富の〝ソリューション〟考

ステージ0＝企図の発芽……いきなり「課題」が認識される訳ではない。本人であれ上司であれ第三者であれ、何かをやればどうなる、やってみようという「企図」すなわち企画や図りごとのきっかけ＝種があるはず。その芽が大きくなればなるほど、課題も大きく複雑に育つ。

坂下の教師体験でいうと、学校現場での〝課題解決〟のほとんどは教師側からの〝企図の発芽〟から始まっているといえる。テスト問題では教えたことを「これくらい分かっているはず」「覚えていてほしい」ことが始まりである。行事や各種課題学習は教師側の体験や発芽から始まっていて、生徒自身の種から発芽に至ることはまれといえる。

企画・くわだて（企て・謀＝はかりごとを含めて）他者から与えられるより、自己の種に由来する場合の方がより良い〝課題〟となり、より良い解決策へとつながるのではないか

ステージ１＝課題の認識…業務、学び、家事、その他場面を問わず、上司や第三者からの課題＝解決したい問題を強く深く、しかも与えられた場面でも、自分事として認識できればソリューションの第１ステージだ。

また、楽しんで取り組むことも肝要だ。

ステージ１の課題の認識が出来、ステージ２の解決策へ進んだとしても、場合によってはステージ１へ戻る必要が生じる。課題と企図に齟齬、すなわち食い違いズレがうまれれば、企図か課題の一方か両方かを修正することになる。これはステージ３でも同じように柔軟に、２へ行き０へ行くことが当然のごとく生じるはずである。この行き来でステージ３はより良いものになる。

ステージ２＝解決案模索…解決案を考え、その案を図やメモにしてみる、関係者に相談してみる。うまい解決案が出ないなら時間をおいて暖める。なお適切な案が出ないなら元々「課題」が難しすぎたのか、自分に無理だったのか、修正も検討を。課題を抱えていると、思わぬひらめきが訪れることもあ

る。

ステージ3＝解決案補強・・・解決案が出ても、資金は、人員は足りるのか、関係者の理解は得られるのか、時間の許す限り、案をいろいろな角度から検討し、足りない分は補強しよう。

「段取り八分」（だんどりはちぶ）ということばがある。ステージ2やステージ3になると、課題解決はどこから手をつけ、どの部署・どの人に当たることがより良いのか、その手順を間違うと大きな失敗につながることもある。段取りをしっかり立てることが出来る＝段取り八分がなれば実現性がかなり見えてくる。

坂下の「ソリューション軌跡」の中でも印象深い例を次に紹介する。

◆新聞ニュースは早く、カラーで↓『らいちょう』で実現

毎年秋の富山県高校文化祭ニュース制作を担当し、2週間ほどで県下全生徒に印刷配布していた。ニュースは早く、カラーでと考えたが、県高文連には十分な資金がないし、速報化も困難。北日本新聞のエレベーターで編集局長と出会い思わず「高文祭ニュースを北日本新聞に載せてもらえませんか」と話した。この後夏の全国高校総合文化祭、秋の県文化祭を一般紙で県民にも高校生にも速報する体制ができ、30年以上続いている。『らいちょう』の成功が、全国高文連に17番目という遅れた新聞専門部設立につながった。「新聞専門部」は全国の高校新聞部の相互交流と発展につながった。（第3部・第4部参

照）

◆コメ通販課題解決から　単行本執筆・出版へ

ある休日に、店先で妻がヤマト運輸の営業員から「宅急便の取り扱い」を勧められている。当時、近辺ではあまり普及していない宅急便。面白そうと、宅急便の取り扱いを決めた。このことが、氷見市の中核的コメ作り農家・おむすび会と結びつくことになった。

おむすび会（佐原裕会長）は全国へのコメ通販を模索し、宅急便取り扱い店の坂下商店を訪ねて、打合せの場に出ることを希望した。坂下は通販用の新聞折り込みチラシの印刷や新聞の選定・配布範囲等を担当した。チラシ効果は大きくかなりの注文がきた。

佐原裕さんから「消費者にコメのことを知ってもらいたいので、パンフレットを書いてくれんケ」と頼まれ、佐原のコメ作りの情熱と人柄を書けば、単行本になると思った。夏休みの後半から翌年にかけ、共著の形での本『コメの王様　中山間地米　オラの作り方うまい食べ方』が完成。富山市の桂書房から販売され市役所で記者会見もし、本はかなり注目された。

田舎に住みながらコメ作りとは無縁の坂下は、耳学問でコメの専門知識を学び、その後コメ作りに関する原稿を求められることもあった。

◆30年間の境界争い→地域の活性化策へ

神社下の幅3m足らずの道を巡る争いは12年で最高裁判所が「公道」を前提に「通行妨害を禁止」を決定した。が、相手側は最高裁の「決定」から18年後に実力行使に出た。道路の崩壊を防ぐための土嚢を破り崩落させ、さらに自己の山林と主張する高さ4mほどの崖に深さ70センチほどの穴をいくつも穿ち、道路に自ら「危険」を示すコーンポールを立てた。

集落側で裁判を担当した坂下は、従来の民事だけでなく、刑法に「往来妨害罪」を見つけ、最高裁の決定文書を添え警察に訴え相手に迫った。相手側は係争開始から30年を経て、係争地と隣接地を手放し、集落はその地を神社の駐車場として整備した。（第10部）

◆集落事業は住民参加→経費は集めるが住民へ還元

長年の裁判と係争で沈みがちな集落に、男女年齢不問の〃倶楽部〃を組織した。それが源義経ゆかりの城跡整備になり、地域全体、卒業生を巻き込み、廃校になった小学校歌碑、城跡碑などが建てられ、毎年〃山上祭〃も行う。人が動き、集まれば活気が生まれる。懇親の席での会話から集落の課題が出て解決に進んだこともあった。記念誌も発行した。（第11部参照）

駐車場整備も公民館整備も集落のバーベキューも必要なのは費用と人員。公的資金を基本に、しかもそれを集落住民に還元することを基本に事業を進めた。（第12部参照）。

また、高齢になってから趣味の一つに写真撮影を始めた人が、非撮影者にも配ったであろう集落の四季折々のアルバムに整理、それを知った人から「費用は負担するから本に出来ないか」依頼され、オールカラーで印刷して集落全員と関係者に配布した。

青年団が少子化と非力化で祭りの木製の旗立てに苦労していることから、常設のアルミ製のポールを集落民の寄付で建て、盛大な祭りと獅子舞を実現し、集落を活気づけ、集落民のほとんどが収まる貴重な写真も先の「写真帖」に収められた。

課題解決　高校新聞界の章

1992年　沖縄で全国高文祭を取材する高校生特派員　記事は4日連続翌朝の『北日本新聞』「らいちょう」で報道　特派員はその後も続く

第1部　**課題**

『付高新聞』再建

学園祭予選　女子生徒と〝遭遇〟

▽実例による指導研究「書く立場／書かれる立場」

第2部　**課題**

県高校新聞研究会 より充実を

国際高校演劇祭ニュース『たてやま』

▽実践レポート《青春爆発》の8日間

第3部　**課題**

入るべきか、否か　県高文連へ

▽レポート「県高文連ニュース」を一般紙で

北日本新聞版『らいちょう』飛び続けて30年

第4部　**課題**

新聞部員には全国大会がない

▽レポート「生徒のためにこそ新聞専門部を」

第1部

課題 『付高新聞』再建

創校3年目の女子高校に社会科教師として勤めた坂下富（以下、坂下）はソフトボール部、放送部顧問を経て新聞部顧問となっていた。

当時、校内で一番若い男性教師だったのは大学時代同期で学生会会長のTTと、彼を担ぎ上げた文化部長の坂下の2人。しかも中学時代に野球部で市の新人戦で優勝経験ある自分はソフトボール部顧問に。しかし4、5年の顧問＝監督中対外試合で一勝も出来ないまま終わっていた。部員は特に多くもないが試合には十分参加できていた。若い後輩教師にソフトボール部を譲り、放送室新設設計を担当したことで放送部顧問を希望した。NHK高校放送コンテスト朗読部門で県代表の部員に付き添って全国大会へ顔を出したことが放送部顧問として数少ない戦果？

学園祭予選　女子生徒と〝遭遇〟

1979年4月の新学期、坂下は新聞部顧問に名乗りを上げていた。新聞部は3年間部員がいなく顧問の希望者もいないことを知ったからだ。そして2年生の女子生徒に声をかけた。前年秋の学園祭にクラス対抗の形で3分の番組を作る審査員長の坂下は、その生徒がいい番組を作ったのに、締め切り時間に遅れ選外となっていたことを残念に思い印象深く記憶に残っていた。

授業を担当したこともなく、名前もおぼつかないし、学園祭予選選考会以来顔を見た覚えはなかった。審査会には20以上のクラスから応募があり、彼女とは全くの偶然の出会いだった。新聞部に誘うと、彼女は「はい、新聞部やります」と言い、友達を4，5人連れてきた。新聞部顧問となったことで、自分の教師生活が大きく変わったことを自覚するのは大分後のことだった。

新聞部顧問としてはかなり工夫をし、私立高校ならではの特集やニュースを取り上げ、限られた部員とともに努力していた。が、何年たっても〝弱小新聞部〟と生徒・教師から陰に陽に言われていた。

その頃から新聞部顧問の自分を育ててくれたのは、富山県高校新聞研究会事務局長の野崎弘先生、新聞教育研究所の大内文一所長だった。この場を借りてお礼を申しあげます。

2年目で県コンクール優良賞

14号で発行を止め休部4年目の新聞部顧問に手を挙げていた。が、新聞制作や指導の体験は0。印刷所の営業マンに手ほどきを受けた。部員ももちろん未経験者揃い。最初に声をかけた生徒はリーダーシップがあり、2年生部長となり、期末テスト前の7月2日にはタブロイド4面新聞の発行にこぎ着けていた。

紙面は全国大会出場常連の硬式テニス、弓道等の運動部や文化部のこと、書店などの広告も初めて掲載。「これでいいのかバス通学」「あーア授業料」など私学ならではの特集も盛り込み、復刊4紙目（年3号発行）で早くも県高校新聞コンクールで優良賞を獲得。『付高新聞19号』は次のように伝えている。

「このコンクールで北日本新聞審査員から10点満点中最高の9点得たのは本校とあと1校のみであった。『全体とした女子校らしいいい新聞。特集（あア授業料）はすばらしい。父兄や一般の人にも読んでもらいたい』との講評もあった」。

短大・高校全体の事務長等からも「よく書いてくれた」との高い評価をされ、突然の復刊ながらPTAなどからの援助があり、印刷費の心配もなかった。

部員不足はあの手この手で乗り越え

ただ当時の心配の種は部員不足。部再開後2年目新入生部員0と、慢性的な部員不足であった。生徒に声をかけても「弱小新聞部」と言いつつ面倒くさい文章書きを敬遠された。新入生への調査で新聞部希望は2，3年に1度はほぼ0。顧問としていろいろ試してみた。

▽部員確保ソリューション①

新入生全員に3学期に発行した新聞を入学後早い時期に教室で配る。自分の担任クラスで配布していると「私、新聞部やります」と宣言した女子生徒は後に部長を務め、大学へ進んだ。新入生の部活度紹介で、年間発行新聞を全て並べた時は逆効果。その紙面量に新入生がおびえていた。

▽部員確保ソリューション②

リポート、テスト解答から探す…自分が新入生の社会科を担当する時は、テスト問題に記述回答を設問し、授業ではリポート課題を出し、その中で「書ける生徒」との目星をつける。担任に他の部活に入っていないことを確かめて生徒に声を掛けるとほぼ１００％成功した。中でも声を掛けた２人が偶然同じ中学出身とか、本校入学を祖母から批判的に言われていた生徒が吹っ切れて部活動に邁進して、新聞部に大きな活気と変革をもたらした例もあった。

▽部員確保ソリューション③

校名変更・共学化で新聞部への自発的希望者が増えた…推薦入試で面接した男子受験生が坂下の前で「新聞部へ入りたい」と本校志望理由を述べたのだ。この頃県校新聞コンクール入賞や共同デスク『らいちょう』での本校部員が編集長担当するなどの活動を地元紙北日本新聞が伝えていたことが大きな理由と思われる。

『付高新聞』の飛躍

15号で復刊以降、２面か４面紙を年３～４回発行を続け、富山女子短大付属高校新聞部と顧問の坂下は、積極的に県高校新聞研究会に参加し多くのことを学び、成長・飛躍の糧を得た。復刊３号目の18号が県新聞コンクールで初の優良賞、その翌年には上位2校の優秀賞に選ばれ、2度優良賞に評価されたが、それ以外は毎年優秀賞を獲得している。

コンクール結果やその表彰式が写真入りで『北日本新聞』に掲載され、ある年にはＮＨＫがテレビ取材し、放送されるなど研究会や本校新聞への注目度高まっていた。

速報・カラーの『付高新聞』

「ビジュアルでレイアウトが良い」「見て楽しい」「女子校らしい」と評価を受ける反面、高校生らしいオピニオン性＝主張・意見の弱さを指摘されることもある（県のコンクール等で）。そんな『付高新聞』が遺憾なく特徴を発揮したのは〝速報〟と〝カラー版〟であった。

▽掲示型特別号…縦１０９×横79㎝の模造紙に手書き文をコピーし、カラー写真を添付し校内各所に掲示。１９８１（昭和56）年9月以降、体育大会直後に掲示した。３年ごとの学園祭には４面中２面をカラー本印刷で発行するのが伝統になった。

▽ワープロ版で速く全校に…ワープロで記事を作り、台紙に貼った版下を印刷所で印刷、全校生徒に配布。１９８５年、県高校総体で本校運動部の活動を伝えて以後「ＴＩＭＥＳ」と名称を変えながら夏号、体育大会号、秋号などとしてＢ４型やタブロイド本印刷カラー版で発行した。この頃には新聞部員はワープロを使うのが当たり前になっていた。

ワープロで原稿を制作し、印刷所へという製法と、印刷所から習った特殊スプレイのりは、県下新聞部合同デスクの紙面製作や全国新聞専門部の交流新聞作りなどで応用された。

国際高校演劇祭ＮＥＷＳ『たてやま』では毎朝英字も入った新聞を配布し、この時、本校部員が全ての和文をワープロ入力を担当したことに由来。１９８５年の演劇祭当時ワープロ機器は高価だったが隣接の短大商経科から借用した。その後高校にもワープロ機、そしてパソコンが入るとその機器を使い部員が原稿をワープロ入力するのが当然となっていた。

▽禍を福とし、北海道取材し原稿送信…部員が少なく1学期発行の制作が進まず、期末テストが迫った。部員たちが校長に発行できませんと、謝罪。が、前年夏の県新聞講習会で、北海道の武石先生から「北海道へいらっしゃい」と声をかけられたこと、硬式テニス部がインターハイに出場することでその取材計画をたて校長に生徒が相談。意外とすんなり許可され、テスト後不足原稿を完成し印刷所へ。部員3人を坂下が引率し北海道へ。

船旅で5泊6日。インターハイ開会式、テニス部、札幌啓成高校等の取材原稿を、8月4日に印刷所へファックス。写真は6日に持ち込み（写真電送は当時困難）。登校日の１９８7年8月8日付発行。１面に〝はばたけ／若人／北の大地に〟の見出しと大会の写真が。校内の反響はいくらか聞こえたが、翌日からの県高校新聞講習会では大きく高く賞賛された。

話題を集める特集

『付高新聞』は読者の興味を持ってもらえるようにカラー印刷紙面と身近なテーマを取り上げた特集をグラフやイラストでわかりやすく表現した

㋒ あァー授業料

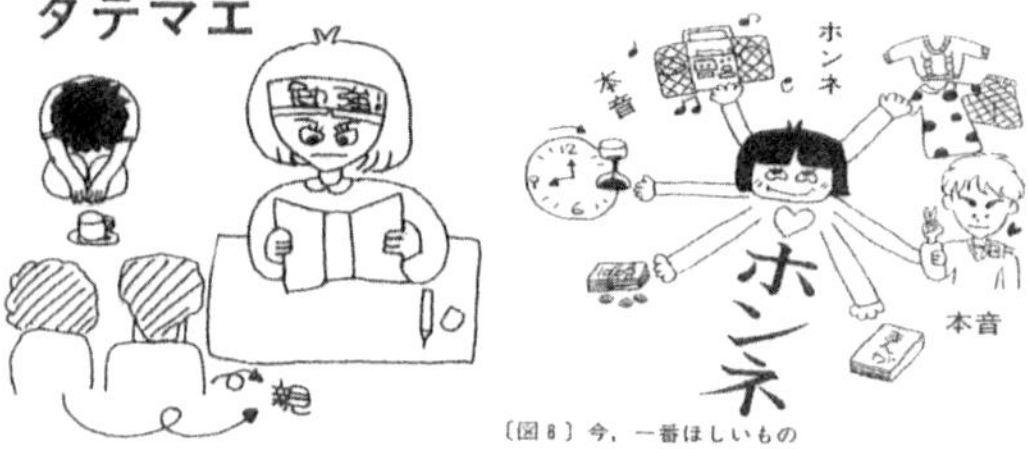

〔図8〕今，一番ほしいもの

㋓ 付高生は、今

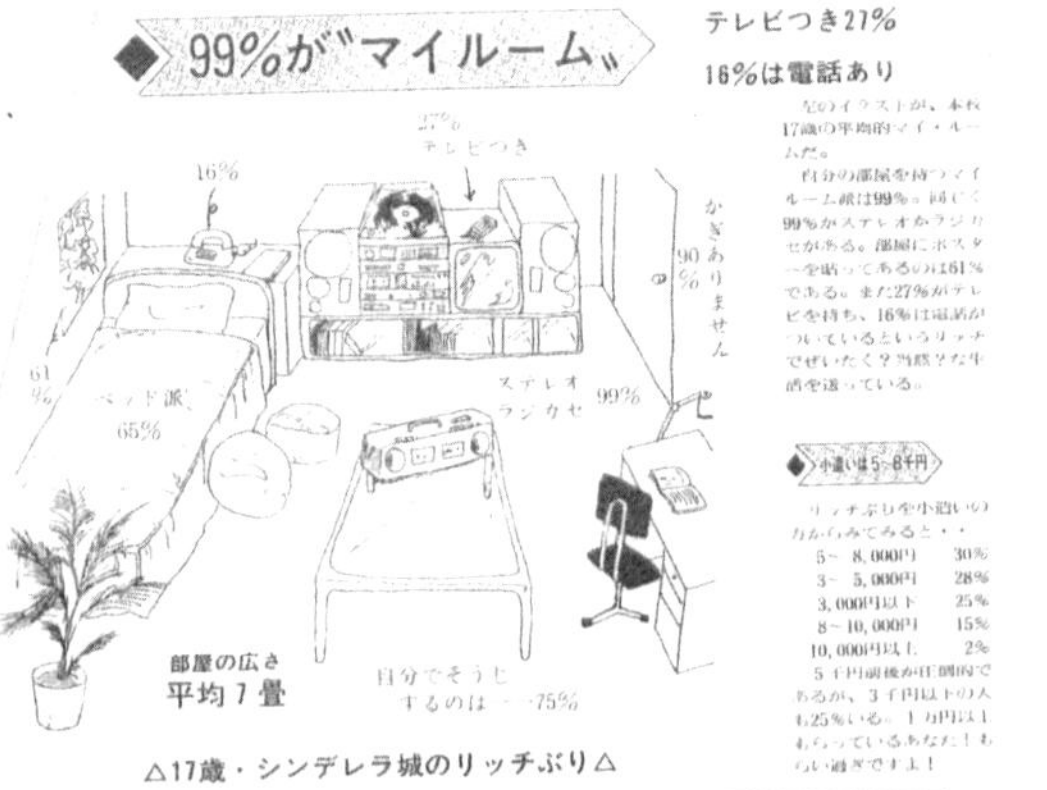

㋔ 17歳の地図

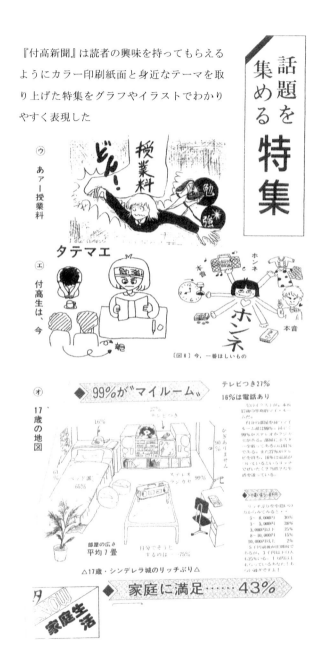

特に1学期号は特集に力を入れた。挿絵・イラストは部室が隣のイラスト部に頼み、時には新聞部員が描いた。

創校25年の1990年『付高新聞』第50号は8面紙を発行。1面にニュージーランドから「留学生を招待したい」の見出しと写真・記事。そして50年間の30の特集全てを列挙し、中でも特筆する3大特集を当時の紙面のイラストを活かして紹介している。

①あアー授業料／そのゆくえは？（18号）

②付高生は、今／悩み多き少女達。理想とタテマエ（30号）

③17歳の地図／リッチなマイルーム、仕方なしの学校

他には女子校ならではの特集が目立つ。「私たちにとって校則とは」「付高生の異性観・結婚観」「ダイエットと健康」「今・高校生の男女交際／セックス・キス許される？許されない」。

オピニオン性が乏しいと（主に外部の新聞部関係者）言われることもあったが、部員自身が読者であり編集者なのでできるだけ部員の感覚を大切にし、特集や論説に取り組むよう顧問として勧めた。

その論説「こだま」が思わぬ、大きな波紋を呼んだ。それが次のレポート。

レポート　実例による指導研究　『新聞と教育』１９８５年5月号より

書く立場／書かれる立場

＝生徒会執行部と新聞部の論争

富山女子短期大学付属高校新聞部顧問　坂下　富

▽新聞部員のＹさんが「生徒会はマンネリ」と論説欄に書いた。これが発火点となって生徒会執行部と新聞部が論争をはじめてしまった▽しかし、これは単なるケンカではない。ともに生徒会の発展を心から願えばこその論争だ▽それ故に双方が実に多くのことを学び合い、改善することができた。その教訓的な軌跡を顧問の先生に書いてもらった。＝『新聞と教育』編集部

〔1〕　これは、問題だ

一学期終業式も終わり、生徒が下校し始めた昼ころ、職員室にほっとした空気が流れる。この日の朝、新聞部員が職員室の机の上に一斉に配布した学校新聞を、仕事の一段落した先生方が読んでいる。新聞部の顧問としては実にうれしい光景であり、先生方の反応が待たれる。コラム欄『こだま』(※28頁に全

文掲載）に生徒会を取り上げたこともあり、私は、「Ｓ先生、どうですか」と、声をかけた。

「これは何ですか。問題ですよ。新聞部と断固対決するヨ……」

と、生徒会顧問のＳ先生は語気鋭く、そして厳しい目を私に向けてきた。

生徒会（執行部）をいくらか批判はしているが、生徒会を真正面から取り上げ、一般生徒の奮起を呼びかけた記事であり、生徒会顧問としては好意的反応をしてくれるものと期待していた私は、予想を裏切られ、ただびっくり。この日開かれたＰＴＡとの懇親会の席でもＳ先生は『こだま』を、そして私を厳しく批判した。

「事実と違う」「あれじゃまるで、三流の週刊誌なみ……」などともいう。

『こだま』欄の記事は、二年のＹ子が中心になって書いた。Ｙ子の友人が「委員会での委員長の選び方がおかしい」と、不満をもらしたのがきっかけであった。単なる不満の記事に終わらないよう、具体的な事例や代案、そして生徒会にかかわる生徒の声も入れるようＹ子も工夫をし、私も指導をした。見出しは最後まで悩み、印刷所へ届ける直前につけられたのが〈新風を送ろう／マンネリ生徒会に〉であった。なぜＳ先生があんなにまで憤慨しているのか、その手がかりを得るため、何人かの同僚教師にも聞くが「何が問題なのかネ」と、首をかしげる。

八月に五箇山で開かれた富山県高校新聞研究会の夏期研修会で、何人かのベテラン新聞部顧問にも意見を求めたが、「全然問題ないいんじゃないの」という声ばかりだった。

問題の発火点となった論説欄「こだま」
昭和59年7月20日号（第33号）

((こだま))

新風を送ろう
—マンネリ生徒会に—

生徒会役員選挙では、必ず「身近な生徒会」「生徒のための生徒会」という言葉がでてくる。しかし、実際はいつまでたっても多くの生徒にとって、生徒会は遠い存在の物に思える。

その根本原因の一つは、自分(全校生徒)が、生徒会の会員である事を自覚していない人が多いからだろう。生徒会役員選挙の時、自ら進んで立候補する人が少ない事もそうだし、選挙自体を真面目に考えている人が少ない事からも分かる。

生徒会役員選挙だけでなく、委員会についても無関心な人が多い。現在、クラスの半数の人が委員会に属しているが、自分の仕事が何か、また、委員会の委員長・副委員長のクラスや名前を知っている人はほとんどいないのではないだろうか？

さらには生徒会の運営自体が、全校生徒の理解を得たり、共感を得たりする活動が少ない事も原因だろう。例えば、生徒会役員の活動内容が明らかでない事、生徒会役員や委員会の役員の決め方もその一つだろう。

生徒会役員は、ほとんどが先生の推薦によって選挙に立候補して決まる。委員会役員は、生徒会役員が話し合って、例えば「Aさんは風紀の委員長」とかいう風に一応推薦という形で決められる。委員会が開かれた時、結局は生徒会から推薦された人が委員長・副委員長になるのだから、生徒会で決めたも同じだと思うが…。

生徒会に関係している人は「委員長になりたい人もいないし、決める時は十分話し合っているから不公平には決まらない」と言っている。しかし、自らやろうとする人が少ないからと言って、先生方や生徒会が役員（委員長）を推薦する形が良いのだろうか。

立候補がなければ、全校生の関心と責任を促す意味で決まるまで待つ事があっても良いのではないか。生徒会の人達だけで決めるやり方は（自分が何もしないのにこんな事を思うのは身勝手だろうが）生徒会から遠い存在の私からすれば「いつも同じ人達ばかりがなって何が公平なのか？いつまでたっても、変わりばえのしないマンネリ的生徒会」と言いたい。

選挙演説で「身近な生徒会」と言うのも結構だが、その前に生徒会役員・会員（全校生徒）共に、もう一度生徒会・委員会のあり方について考えてみる必要があるのではないか？

11月の学園祭が終れば、後期生徒会の選挙、クラス役員の交替がある。それをチャンスにあなたも考え、行動してみませんか。

〔2〕 マンネリ論争・紙つぶての投げあい

S先生が「対決する」と言った通り、生徒会執行部は「執行部は総辞職すべきか？」などを内容とするアンケートをとるなど、『こだま』＝新聞部への反撃をすすめているようだった。が、夏休みに入ったこともあり一般生徒や先生の反応は特にはなかった。

八月十日（夏期休暇中のただ一回の全校登校日）執行部は『生徒会だより』（B４判一面）を配布して新聞部への反撃を開始した。しかし、この日は幸か不幸か、全新聞部員が五箇山での二泊三日の研修に参加して不在。このため、反撃の直接のショックは受けなかった。けれど、生徒全体の反応もつかむことができなかった。

『生徒会だより』では、〈新風を送ろう／マンネリ生徒会に〉の記事は「新聞部による一方的なもので、一般生徒の批判をあおり立てる誤解の多いもの……（略）……取材の在り方に反省を求めたい」として、

▽生徒会役員の活動内容ははっきりしている

▽役員の選出は正当　（資料　A）

▽次期生徒会長は新聞部より？

▽誤った取材

▽現執行部は、相手を思う姿勢をいつでも持つの項目をあげ『こだま』に厳しく反論した。

新聞部はこれに対し八月下旬に『生徒会だより』への反論を準備、九月一日に『付高新聞・特別号』（ファックス版B４両面刷り）を発行。その中で、先の『生徒会だより』に逐一反論し、最後に次のよう

に書いた。
生徒会執行部が、「付高新聞」を精読され反論されたことは深く感謝し、当方の記事に誤解を招くことがあったとすれば今後の反省材料として生かしたいと考えます。　新聞部
執行部は一週間後の九月八日に「再び新風を送る―新聞部へ」と題して『生徒会だより』を各クラスに掲示。新聞に再反論（※資料C）すると同時に、「紙面での論争は終わりだ」と呼びかけてきた。職員室で私と二、三人の部員が立ち話をしている所へ、S先生から「近いうちに新聞部と執行部で話合おう」との話があり、了承した。

〔資料　A〕　「生徒会だより」新聞部へ（八月十日号）

新聞部の記事によると、生徒会役員は先生方の推せんによって、立候補し決定され、各委員会の委員長も役員の話し合いにより「Aさんは、風紀の委員長」というふうに推せんされ決定されると述べているが、これは公正な記事ではなく委員会の内情を知らない新聞部員の一方的な誤った報道である。委員長を決定する委員会であることを事前に伝えているにもかかわらず、一般生徒より立候補者は出ず、推せん者も出ず、あげくのはてには一部の委員が退室したり、その内ジャンケンで候補者を出したり、全く不適格な者を委員長として圧力によって無理にしたて上げる。これが役員選出委員会の現状だ。この

ような委員会で委員長が決定されれば、生徒会活動は、どうなるだろうか。しかし、我々執行部はあくまで一般の委員よりバイタリティーある立候補者を求め、意見を求めた上で、候補者がない場合にのみ執行部より推せん者を出しているのだ。事実、ある委員会では生徒会推せん者でなく、他の立候補者が役員に選ばれている。これ以上、公平な役員選出が他にあろうか。公平でないのは詳しく調査されていない新聞部の記事のあり方だと言いたい。

〔資料　C〕無責任な新聞記事　「生徒会だより」（五十九年九月八日号）

「多くの生徒の生徒会への無関心、活動のマンネリ化を訴えるのに夢中で、一部の執行部員の話だけを聞き、記事を書いたこと」や「誤解を受けるようにしか書けなかったことは反省しています」と言い訳めいた反省を書いているが、何かに「夢中」になっていたことを理由に誤解を受けるような記事を書いたで簡単にすまされるのでしょうか。新聞記事というのは、友人に書く手紙とは訳が違うのです。たくさんの人が読み大きな影響を与えるのです。言葉の力、マスコミの力があるのです。何かに夢中になっていて……とは何て軽薄、無責任なのでしょう。もしあなた方の新聞が一般社会の新聞なら、今頃集中的な批判をあびて編集長の退任を問われていることでしょう。（中略）

〔3〕　書かれる者・書く者　＝執行部員の受けとめ方＝

〈マンネリ生徒会〉を読んだ時の印象を、書かれた側の執行部メンバーは次のように回想している。

▽腹がたった。一生懸命なのにむくわれない気がした。

▽執行部の内部を知らん者が書いて、一方的で残念。はがやしかった（くやしかった）。

▽執行部は良くなっていると思ったのに「マンネリ」の言葉でショックをうけた。

▽アレー、と思い、ムカッとしたが、その場では何がおかしいのか、すぐにはわからなかった。

▽執行部の主な者が集まり、読んでいくうちに新聞部の記事で当たっているところもあるが、一般生徒の誤解を招くので反論しようということになった。

◇

こうして迎えた話合いは、本校の合宿所で行われた。出席者は、生徒会執行部から会長以下約三十名（会長以下副委員長まで）、新聞部から十四名の全部員。教師はS先生と私、それにこの話合いの仲介をした生徒指導課のK先生（この時の司会を担当）。

会長など執行部側からは、概ね以下のような意見が出され、いずれも新聞部の反省を迫った。

「マンネリ化というのはある面ではあたっているかもしれないが、『こだま』に書かれた時はショックだった」

「私たちなりに一生懸命やっているのに、そのことに少しもふれられていない。もっと暖かい目が欲しかった」

「新聞部は生徒会の関係者に聞いたというが、それでは不充分で、会長か副会長に聞いてほしかった」

また、生徒会顧問のＳ先生は、

「この記事では、生徒会執行部が活動していないように思われ、外部の人や一般生徒の誤解を招きやすい」と指摘した。

◇

書く立場　＝新聞部員の意見＝

新聞部側の反論は、問題となった記事の執筆担当で、八月に新部長になっているＹ子が中心になった。部側の論点は大体つぎの通り。

「指摘された取材の偏り、不足はあるかもしれないが、委員会の委員長選出などに問題があったのは確か」

「執行部がやっていることが生徒によく分かっていないことが多い」

「新聞記事が気に入らないからといって、生徒会の新聞部予算をゼロにするとか、削るとかいうのはおかしい」

「生徒会の記事は事前に執行部の了解を必要とということは承知できない」

執行部側が『こだま』は、生徒会の日常活動や縁の下の力持ち的立場への理解と取材の不足、そしてなりよりも反論を載せていないとして、新聞部の反省を求めた。それに対し新聞部側は取材そのものの弱さはいくらか肯定しながらも、執行部が一般生徒、少なくとも一生徒会員である新聞部員からは遠い所にあり、記事そのものには誤りはないと主張した。両者の論争はかなり水かけ論、平行線的なところもあったが、最終的には
「新聞部としては、独立して新聞部の責任で新聞を発行できることと、記事については今後も充分気をつけることを確認した。そして、今回の事をきっかけに、新聞部も生徒会執行部もお互いにこの話合いをふまえて、これからの活動を活発にしよう」（十一月三日『付高新聞』）ということで〈マンネリ〉論争は一応の幕となったのである。

この話合いの仲介をしたK先生は一連の論争について次のように述べている。

『新聞の『こだま』の表現は、少しきつくて言い過ぎがあり、取材不足もあった（高校生だから仕方のない面もあるが）。論争するうちに執行部の「生徒会予算で新聞を発行している」「子が親に金属バットでなぐりかかる」とか、新聞部の「軍国主義になるのでは」というような文章のやりとりが出て来て気

になった。新聞部は「今のままでは生徒会がダメになる」「なんとかしよう」と訴え、生徒会側にも「現状に甘んじたくない」という気持があった。双方に「生徒会を何とかしなくては」という情熱が感じられ、話合いでそのことがより一層明らかになったと思う』。

〔4〕　マンネリ論争を振り返って

私どもの『付高新聞』(※五十九年七月二十日付・第三十三号) が原因で始まった紙つぶての投げ合いが『新聞と教育』誌編集長の大内氏の目にふれ、この稿を書くこととなった。本校での論争が〝他山の石〟となり、他校の参考になれば幸いである。

＝生徒会執行部＝

本校は一昨年二十周年を迎えたばかりの生徒数約一、〇五〇名の普通科女子高校である。生徒会は、時には立候補者が出にくく低調なこともあるが、大体において順調にいっている方であろう。

新聞に〈新風を送ろう・マンネリ生徒会に〉を書かれた当時の執行部は、明るく積極的なM会長のもと活動意欲もかなり高かった。本校在職十七年の筆者の目には出色の会長に映ったが、会長本人も認めているように二期目に入り〝ややマンネリしたかな〟と思えるフシもあった。

書く立場　新聞部の課題

〃付高の情報部〃を目指す『付高新聞』は読者（一般生徒）に読んでもらえる新聞、見てもらえる新聞をモットーに、写真やイラストを多めに使っている。部顧問としては、生徒の視点を大切にし、企画から記事・見出し・レイアウトまで部員の〃感覚〃を活かす紙面作りを心掛けている。また、読者との共感を大切にし、校内問題をアンケート構成したり、生徒指導課や学校にアルバイト問題・校則問題・食堂改善などで苦言を呈するなど、生徒の視点から言いたいことを取り上げてきた伝統もある。反面、生徒自身にとってまずいこと、暗いこと（例えば退学処分・盗難問題など）は、顧問が示唆しても自己規制しようとする傾向が強い。過去に〃筆禍〃事件はなかった。

こんな新聞部が、Y子の友人の「委員長の選び方がおかしい」という声が発端で、〈マンネリ生徒会〉を取り上げることになったのであった。

この記事について、論争終了後の二月に三年生の二クラスで挙手で調査したのが〔表1〕である。この調査で、六七％

〔表1〕 ＜マンネリ＞記事についての調査

—3年生70人に聞いて—

①これまでにこの記事を読んだことがあるか	ある	22人（31.4％）
	ない	48人（68.6％）
②記事を読んでどう思ったか（1度読んでから）		
・内容は大体よい		5人（7.1％）
・生徒会に対しよく言ってくれた		10人（14.3％）
・特に問題はない		47人（67.1％）
・生徒会に冷たい		5人（7.1％）
・生徒会を悪く言い過ぎ		3人（4.3％）

が「記事には特に問題はない」とし、二〇％以上が新聞部の記事を支持している。反面生徒会執行部の立場を支持する（新聞部記事を否定的にみる）率は一一％ほどである。それらは「生徒会はよくやっているのに」「自分（新聞部）が何もせず言うのはおかしい」「生徒会の内容も知らないで書いておかしい」——いずれも執行部に全然関係ない生徒——という理由をあげている。逆にある委員会の委員長でありながら「記事には特に問題はない」といった生徒もいる。

全般的には一般読者（生徒）の多くは〈マンネリ生徒会〉記事をなんの違和感もなく受け止めているのである。その意味ではY子と新聞部の考え方は妥当性が高く、生徒の感覚を代弁していた、といっては言い過ぎだろうか。Y子は「取材がちょっと弱かったように思うが、あの記事や新聞の反論はあれで良かったと思う。討論会ではもっと言いたいこともあった」と言う。

しかし、問題記事が一生徒からの投書であったら、新聞部としては直接生徒会長に反論・弁明を求めるはずであった。部員の手になる記事ゆえに、身近な執行部員にいくらかの質問をして記事にしてしまったことは、今にして思えば反省される点である。

また『生徒会だより』は「記事が新聞部による一方的なもの」「一方的な生徒会批判に終始」「活字を武器に誤ったことを吹聴している」とし、新聞が〝公正・中立ではない〟とも訴えている。逆に、二回の生徒会だよりも（新聞への反撃という目的があったにしても）、かなりきつい表現や、新聞に対する一方的批判をしており、書かれた新聞部側から見て〝公正・中立〟であるとは言えない部分が多い。書かれる当事者からは、多くの場合百パーセント満足のいく文章はないだろうし、それが批判的文章であればなお更、そう言えるのではないだろうか。

かつて、時の佐藤首相が、記者会見の席で「新聞は真実を伝えない、出てゆきなさい。テレビは残りなさい」といった趣旨のことを発言したのを思い出す。

新聞記事（高校新聞に限ってもいい）は決して文学・文芸作品ではないが、見出しや写真の選択はもちろん、何をどう取り上げ（企画）、どのように文章化するか………等々、書く者・編集する者の視点、主観がなければ成り立たない。それを押さえると時として前年と日付だけが違うような記事が、紙面を飾ることになる。典型的なミニコミ紙である学校新聞は、極めて身近な人が、書く者・書かれる側として混在する場である。ミニ社会＝学校の身近かな情報・話題・人（生徒や先生）を取り上げて活字化（記録と配布）することで、情報の共有化↓情報の拡大増幅化、さらには学校社会の活性化を促すという機能さえも学校新聞は持っている。

公正・中立に近づける努力は当然しなければならないが、それを恐れるよりも、生徒の視点から積極的に表現し、書くことの意義は大きいと思う。同時に次の諸点に十分配慮する必要のあることも思い知らされた。

▽記事で問題とされる者または団体のコメントをきちんと整理し、掲載すること。
▽感覚に頼りすぎず、具体的事実・より多くの異なる立場の声を取材すること。
▽論旨は明快でなければいけないが、表現上に行き過ぎのないようにすること。学校という小さい共同社会に生活する者同士としての暖かい目・共感する心も必要である。

〔5〕　生徒会の変化

新聞部顧問も新聞部員も多くのことを学んだとともに、活気をもった〈マンネリ生徒会〉論争であった。それと同時に生徒会にも深く大きな影響をもたらしたことが、次のことから推察できるのは、嬉しいことである。

◇生徒会選挙の活気

十一月の後期生徒会選挙で会長三人、副会長四人、会計六人の計十三人と、前例がない程多くの立候補があった（三年ほど前までは立候補者がそろわず、選挙を延期するとか、信任投票する場合が多かった）。

Y子はクラス推薦を受け（新聞部とは関係なし）会長に立候補したが落選、書記として執行部に入った。

◇論争当時の執行部の反省

会長――新聞に書かれてからの活動は意識した。「活動内容が分からない」という人も多いから、連絡黒板や放送で委員会などの出席率を高めるよう努めたし、生徒会と一般生徒との距離を縮めるよう努力した。また、新執行部選出の時は、仲間うちから選ぶのはやめた。

副会長――仕事中遊んでいると「新聞に書かれるョ」と冗談も言ったが、執行部の縁の下の力持ち的な地味な仕事を分かってもらえるようＰＲも必要と思った。

◇新執行部の考え

新会長（二年生）――前期執行部員だったので、論争のことはよく知っている。だから選挙の時はＹ子さん（新聞部長）には「負けたらアカン」と思った。今の執行部では「できるだけ先生の力を借りずにやろう」と話合っているし、先生も「お前らでやれ」といっている。

「自分らでやろう」「生徒の会にしよう」という雰囲気がある。自分らの時に、小さくてもいい何か改革をし、それを残そうとも話し合っている。

書く側・作る側は活字にする苦心とその手ごたえに喜びを見いだす。反面、どんな小さいことも活字になる＝広く配布され、しかも残る＝ことの意義と責任も重い。「活字」＝この魔力あるものへの自戒とその効用を痛感させられたレポートとなった。

（おわり）

課題　図書館の目的は？

◇ソリューションで利用者急増◇

図書館・図書室のない学校はないはず。本校でも当然図書室はあり、司書の外、教員も数人席を連ねていた。２・３階には美術・書道・コンピュータ室等が設備され全体は〝図書館棟〟と呼ばれていた。その図書課長に任命された坂下は会議で「何か困ったことや図書室に必要な物はないか」と尋ねた。すると司書が「生徒さんの利用が少ないので、もっと利用してほしい」と遠慮がちに答えてくれた。利用生徒増やすにはどうしたら良いのか、図書課員（教師・司書）からは具体的意見や提案は出なかった。課長・坂下の思いを主に具体化した。

▽ラウンジテーブルとイスがほしい‥‥閲覧室には50人分の閲覧机と教室とはちがうクッションのあるイスがある。高校事務長に相談し円卓のラウンジテーブル、４人分の半円形のゆったりしたイスを手配・購入してもらった。

▽「図書館」入り口を革新‥‥

「図書館」表示パネルは何の変哲もない鉄板にペンキ書き。それを坂下の近所に住む木彫り職人に、横80センチほどのケヤキ板に彫ってもらい文字は緑に着色してもらった。防火を兼ねた鉄扉を親子式の透明ガラス扉に改変するにはかなりの予算が伴うので1年後に。中が見える図書館は、2，3階の教室へ行くたびに興味を引かれたようだ。
▽書庫などには本の場所を示すパネル…スーパーの商品の陳列箇所を示すプラスチックパネルと似たものを手配し、書庫通路や図書館内に吊り下げた。
▽図書館で「図書館とは」を新入生にレクチュア…坂下が1年生の教科を持った時はもちろん担当外のクラスに自習時間があると図書館へ招いた。ある単語や本の名前を示し、それを探させる。その後図書館の全体と利用方法などを示し、好きな本を探させることも。
現代社会という科目で、「人間とは何か」を取り上げ、グループに分かれＫＪ法を使った時は、図書館の大きいテーブルは使い勝手がいいし、生徒も生き生きとしていたし。「人間とは何か」にも迫ることができたように見えた。
▽図書委員を書店に派遣…図書委員の希望者に出入りの書店へ行かせ、自分の読みたい本、図書館に入れたい本を選ばせ、それを書店が持ち込む。
▽図書館だより「はろ～」毎月…新着図書やコラムを盛り込んだ「はろ～」の題字は緑色に印刷所で、本文はＢ４紙に学校でプリント、全校生徒へ。
▽マンガも文庫本も図書館へ…マンガ本は会議で通らなかったが、歴史マンガについては了解され

た。坂下は歴史マンガを使い、ワープロで教材を作り、そこに適切な１コマ２コマを入れ日本史教材を授業で活用した。そのことを学研などに伝えた。それが「日本経済新聞」、更に地元放送局に伝播し、授業を取材され放映された。それから間もなく他県へ嫁いでいる妹から電話で「テレビで見たよ」と知らせがあった。

文庫本については広く生徒に募集した中からいくつかセレクトして図書館へ入れた。一連の図書館ソリューションで来館者と貸し出し図書は驚くほど増加した。

◇　　　◇

国際大学付属・共学へ変貌

富山国際大学が１９８８年４月開学し、富山女子短大付属高校は富山国際大学付属高校と校名を変更。共学化し、普通科の中に国際英語コースを新設した。

この時期の新設大学に〝国際〟と名付けたものが多いこともあるが、富山県下でも〝国際〟の雰囲気が高まっていた。〝国際〟と名付けた演劇祭が何年にもわたり開催されていた。国際高校演劇祭（１９８５年）は本校新聞部もそのニュース編集に参加。せっかく世界の高校生が来るのにと、演劇祭事務局と本校とに話をつないで、ニュージーランドの高校生を招いた。互いに留学生を送り姉妹校提携へ進んだ。

共学化の前は、女子高校であることの課題も生まれつつあった。

『付高新聞』によると「不満度97％・爆発寸前!?付高（不幸）生／不満の原因は：①コート・制服②校則③先生」、と見出しが大きい。6年前には「不満度91％」との比較もある。国際化雰囲気と同一法人の国際大学の開学、原状への学校のあり方（生徒のストレス・不満を前に）共学化は当然の流れとなった。

ブランケット版『ザ・プレス国際高』に

共学化しても新聞部に大きな変化はなかった。部員はなお女子が主流で、男子が入部して最初の部長になったのは共学化して4年目。全体的に女子が主力であった。北海道など他県の高校新聞に一般紙と同じサイズのブランケット版を見つけて男子部員を中心に「ブランケット版」にとの意見が強まった。タブロイドでの実績とノウハウ指導歴を持つ顧問（坂下）は部員たちのソリューション＝問題意識＝時代の流れに竿をさすことは出来なかった。新しい割付用紙を手配したが、当然原稿量は増え部員の負担も確実に増大。やりながら考え、試行錯誤しながらの大型新聞への改変は嵐のように進んだ。

時あたかも、全国高校文化連盟新聞専門部が発足し、自分がその事務局長を担当し始めた頃だった。

〔詳しくは第4部〕

第2部

課題　県高校新聞研究会　より充実を

コンクール・合宿・研修会

県高校新聞研究会が躍動　『高校新聞三十年史』発刊バネに

富山県高校新聞研究会の発足は昭和51（１９７６）年、全国的には早期に組織された。地元紙と共同で県高校新聞コンクールを４年後に、１９８５年から夏期編集講習会を毎年継続的に開催していた。毎年１月に新聞コンクール結果、続いて表彰式等が主催の『北日本新聞』に写真入りでかなり大きく報道される。が、高校新聞部は比較的に地味な存在だった。

野崎弘魚津高校顧問が中心となり県下の戦後の高校新聞の歴史をまとめて『高校新聞三十年史』を発刊（１９８１年）。この翌年事務局長になった野崎顧問のリーダーシップの下、県新聞研究会は広範な活動を展開し始めた。

【以下、『高校新聞とやま40年』より（抄）】

県新聞研究会の「研究会報」発行。この頃には県新聞コンクールは30回を迎え、夏の講習会も２泊３

日で行うことも。更に秋には県下４地区でそれぞれ研修会を行い、富山地区では速報版を作り、１９８４年には共同デスクでワープロ版タブロイド４面の「じんづう」を研修会のほぼ１週間後に発行した。

日本新聞協会指導の下、33回目を迎えた全国学校新聞指導教官研修会で富山県など６道県が参加で全国高校新聞教育研究会が誕生。この指導教官研修会が富山市で開催され、県内から新聞部顧問等37人が参加した。この時ビデオ「高校新聞をつくる」＝シナリオと監督は坂下、キャストは女子短大付属新聞部員、撮影編集は同校放送部＝が公開され、坂下顧問が経過説明し、県外から約50本の注文があった。

夏期編集講習会は質量とも充実

昭和四十二年度から続いている当研究会最大の行事である夏期編集講習会（北日本新聞社後援）は、加盟校の増加で参加者が急増して、ついに八八年（昭63）には二百名の大台をあっさり突破した。日程も一泊二日を基本にしながら「もっと突っ込んだ話し合いがしたい」という声にこたえて、八四年と八七年には二泊三日のコースも設けて、各々五、六校が参加した。

内容も、従来は講演をきいて各校交流をし、見出しつけをするだけのものを、『たてやま』を発刊してからは、一気に速報づくりをやるという飛躍をとげることになった。

外部からの講師を招いて行う講演も、八三年の大内文一氏（総合ジャーナリズム研究所）にはじまり、

夏期講習会の発展

年度	参加者	会　　場
'84	167人	利賀少年自然の家
'85	160	五箇山青少年旅行村
'86	158	砺波青少年の家
'87	167	五箇山青少年旅行村
'88	207	砺波青少年の家

八四年は劇団スコット主宰の鈴木忠志氏、そして八六年には北海道高文連新聞専門委員長（札幌啓成高）の武石文人氏の話を聞いた。

武石講演がきっかけになり、女子短大付属校は八七年夏、硬式テニス部のインターハイ取材のため札幌へいく。そして記事をファックスで富山の印刷所へおくり、八月八日の全校登校日に『付高新聞』を配布するという離れ業を演じたのである。

さらに八七年の夏期講習には愛知高校新聞部員が、「奥の細道」を自転車で走破する途中、五箇山での宿泊に合流し、初めて県外高校との交歓学習が実現したのである。

新入部員の研修の場としてすっかり定着したこの講習会も、県単位の新聞研究会があってはじめて継続されるわけで、愛知高校の部員も「うらやましい」を連発していた。

研修会の中から 合同新聞『じんづう』誕生

八月の夏期講習会のあとは、二月の新聞コンクールまで、研究会としての活動は中休みになりがちである。

そこで八三（昭58）年度から県下四地区に分れて秋に地区研修会を復活することにした（昭和二、三十年代には行われていた）。

各校どうしの情報交換をはじめ、夏期講習で十分やれなかった割りつけなどの実習をしたり、新聞社や印刷所見学、写真の撮り方をきくなど創意工夫を重ねた。

中でも富山地区は最も活発で、八四年度には速報版を仕上げる。そして八六年度には、全国的にも例がない地区合同新聞『じんづう』を刊行するのである。

初年度の記録では、十月十一日に顧問の会合をやり、十八日には生徒、顧問全員が参加しての編集会議。ここでメインテーマを「富山県の今と未来」と決め、各校ごとに記事の分担をし、十月中に幹事校に記事を送る。

幹事校はワープロ入力をすませておき、十一月八日は各校に集まってもらい、整理・編集を完了している（深更にやっと完成！）。印刷だけは業者にまかせて、十五日に配布している。わずか一カ月でタブロイド二頁の『じんづう』が出来上ったわけで、関係者は「思わず快哉を叫んだ」という。

翌八七年は「高校生ＮＯＷとやま」をテーマに、学園・生活・地域・文化・スポーツの四局がそれぞれ一頁ずつ担当して、タブロイド四頁の第二号を刊行している。とくに、「なぜ富山県だけ、三年に一回の文化祭なのか」と、鋭く問題提起を行っている。

第三号は同じ四頁で「International Toyama」がメインテーマ。国際問題が地球や高校生活にどんな影響を与えているかをまとめている。ほかには、原発問題にも取り組むなど一層充実してきた。参加校も六校から八校にふえ、八八年十月に刊行している。

この『じんづう』は、高文連の文化祭速報『らいちょう』にうけつがれている。

国際高校演劇祭ニュース『たてやま』発刊

野崎弘研究会事務局長が顧問会議を招集し相談された。講習会には共同デスク形式で『じんづう』等の手書き新聞を製作していた研究会はその対応に否定的＝無理の雰囲気だった。

自信がないのに、引受けてしまった

ＴＩＡＴＦ'85（富山国際アマチュア演劇祭）として世界の高校演劇祭をやりたい。ついては実行委員会として毎日〝速報〟を出したいが、高校新聞部の皆さんに協力してもらえないか――小泉事務局長からの電話があった。５月のはじめ頃であった。

「いいことですが、果たしてやれるのか自信がないんですよ。でも、やってみましょう」と答えたものの、本当に自信がなかった。

早速、女子短大付属の坂下先生と打合せしてみる。ワープロでやってみよう。外国人にも渡すので英

文の頁が絶対必要のことだが、同一頁内に英文の欄を設けよう——と話が煮詰まっていった。県下の高校新聞部に参加希望をつのり、英会話の練習を兼ね1泊2日の研修をしたのが6月半ば、あと、7月中旬に試作号をつくるため1回集まっただけ。B4で4頁を原則にして新聞の名前は『たてやま』ときめて、7月末から7泊8日の狂気の新聞づくりがはじまったのである。(参加者は新聞部13校、写真部3校の計80名)

=県高校新聞研究会事務局長・野崎弘

国際的な場に心躍り夢心地で駆け回った

▽暑い夏、華やかな祭典を生き生きと伝えるべく速報紙の発行に携わった。私はトピック欄を担当し、レコーダー持参で各国の高校生に様々な質問を浴びせた。神出鬼没の記者よろしく機会を見つけては彼らを変な質問で困らせた。

しかし、そこは高校生同志。すぐ打ち解け親しい会話を交わすこともしばしば。連日の徹夜にもかかわらず、初めての国際的な場に心は躍り、夢心地で駆け回った。刷り上がった速報紙を皆が熱心にのぞく姿に疲れもふっ飛んだ。そんな私がテレビカメラに追い回され、ドキュメント番組に登場したのだから、恥ずかしくもうれしいばかりだ。1日1日が精一杯だった輝かしい日々。皆が一丸となってやり遂げた満足感はもとより、世界は広いと実感。

(魚津OG・川上宏美)

▽学校という狭い枠でなく、各国から集まった大きな対象に伝える、初めて使うワープロ、全ての面

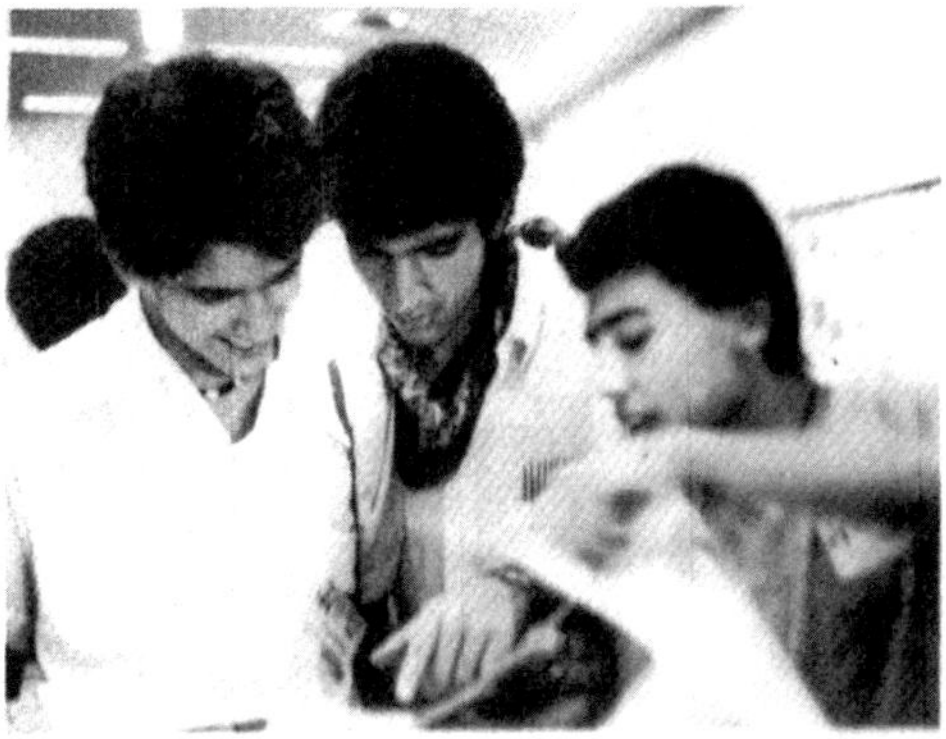

TIATF'85 NEWS
たてやま
演劇祭の最後を飾る
TOYAMA CHANGING IN WAKE OF TIATF'85
TIATF'85 NEWS
たてやま
疲れも見せずにこやかに
純粋な交流に期待
COME TO TOYAMA !
TODAY'S SCHEDULE
TOMORROW'S SCHEDULE

下・和文の紙面に英文の欄を設けたことも話題になった『たてやま』
左・『たてやま』を読むメキシコの高校生＝県民会館

で緊張の連続。とくにワープロは短期間で基本操作を習って、やっと動かせる程度だった。演劇祭を一度も取材する機会がなかったので、実際すごいイベントだと感じることは、できなかった。

しかし、各高校の新聞部員がたいへん遅くまでかかって書く文章を、慣れないワープロで打って（直しが大変だった！）他の人が経験できない、大きな仕事に関わっていることを感じることができた。

（富山女子短大付属・安田イリエ）

▽青年の家の物置の片隅4畳に黒いカーテンを張り、現像室にしていた。トタン張りでやたらと暑い。この部屋に1人平均5時間、毎日入って作業をしていた。9日間で合計15時間以内の睡眠時間という記録と、このサウナ現象も、私の身を軽くした（体重10 kg減）。

（富山工業写真部・山口直記）

新聞研究会の存在アピール

「こんな真剣な姿を見たことがない」と、生徒の〝青春爆発〟（『たてやま』第6号・編集後記）ぶりに教師も驚いた。どこかの面が投げ出したり、誰かが倒れたら翌朝の発行はない。各人の仕事がつながって、事が成る充実感が全員の心と身体を支えていた。

『たてやま』が新聞やテレビで部員の活動が報道され、テレビドキュメント番組やドラマ化したこともあり、富山県民に広く知られるようになった。大会期間中に「県知事が『たてやま』を毎朝楽しみにしている」との情報もあり、お別れパーティーでもほめていただいた。

「はーん、演劇祭で新聞を出した団体ですか」というように、高校新聞研究会をくわしく説明しなくても理解してもらえる。30年あまりで、やっと市民権を得たといっても過言ではなかった。

研究会への加盟ふえる

全日制高校は県下で53校（県立44，私立9校）もあるのに84年当時加盟校は24校にとどまっていた。しかし、85年（昭60）から増えはじめ、88年には37校になって、全日制高校の70％の加盟が実現した。これは、『たてやま』発刊の力量をもつ当研究会への評価の高まり、自校の新聞を少しでも良くしたいという顧問・部員の熱意の表れであろう。未加盟校のほとんどは新聞部でなく新聞委員会の学校である。

実践レポート　『新聞と教育』１９８６年３月号より

《青春爆発》の８日間＝速報こそ新聞だ

国際高校演劇祭ＮＥＷＳ『たてやま』編集局
富山女子短大付属高校新聞部顧問　坂下　富

昨年、富山県で『国際高校演劇祭』が開催された。このイベントに速報発行で多大の業績をのこした教師と高校生新聞編集者たちがいる。関係者は一様に「後から振り返って自分たちでも信じられない量をこなした。久々に味わう充実感」と言っている。これこそまさに《青春爆発》。＝『新聞と教育』編集部

内外から絶賛　国際演劇祭速報『たてやま』

富山国際高校演劇祭が国際的なイベントとして、県民の大きな関心をよび華やかに開催される中、富山県高校新聞研究会（以下、県新聞研という）は連日、演劇祭速報『たてやま』を発行した。県新聞研の『会報』（第８号・９月20日）は「この夏、新聞部員は燃えに燃えた」と題し、次のように書いている。

国際高校演劇祭で県下高校新聞部は、六日連続して速報『たてやま』を刊行し、内外の出演者、日本人観客、主催者から「よくやった」と絶賛をうけている。七月二十八日の編集局びらきに始まり、

八月五日午前二時の打ち上げパーティーまでの八日間は、県下高校新聞部の総力を結集したものであった。このフェスティバルも世界はじめてのことなら、顧問の指導をえたとはいえ、毎日高校生の手で、Ｂ４四ページ（１日付は八ページ）の速報を刊行したことも、世界はじめてといってよいだろう。演劇祭速報『ＴＩＡＴＦ,85ＮＥＷＳ／たてやま』の発行に深く関わった一人として、発行の経緯や富山県高校新聞界の〝疾風怒濤〟ぶり、そしていささかの反省を伝えたく、ペン（実際はワープロ）を執った次第です。

「鼎《かなえ》の軽重……やるしかない！」

四月二十五日――県新聞研の臨時理事会は、協議題に対する結論を出せないまま空転していた。議論は富山国際高校演劇祭実行委員会（以下、実行委）からの英文入り速報発行の打診を受けてのものだった。出席した理事は新聞顧問の体験はあるが、速報（しかも英文入り）という〝未体験〟に困惑を示すばかり。栃木県での全国高校総合文化祭ニュース『おおるり』が回覧され、それを見、数十回もの事前研修や編集会議をしたことなどを聞くにつけ、速報を「やろう」という声はだれからも出ない。

しかし、古参理事Ｔ先生の「日頃、富山県高校新聞研究会という看板あげとるがに、今さら発行できん言うたら、鼎（かなえ）の軽重を問われるゾ」の一言で大勢は〝発行〟に決した。英文は実行委が確保したＥＳＳ関係の英語教師らが当たり、タイプで印刷原版まで作ること、和文は新聞部員の希望者で編集し、ワープロで作る、などが確認された。

当初「ちょっと面白そう、でも出来るかな」と考えていた私自身は、〝鼎の軽量〟論で――↓やらねばならぬ――↓やれるはず――↓やれる……という〝錯覚〟に与（くみ）することになり、その先頭を走る一人となってしまった。そして、①鼎の軽重論に始った錯覚は錯覚を呼び、②ワープロで③英文制作で……錯覚と困難は増える一方。準備はできるだけ万全を期したが、これらの錯覚が、私自身を、そして多くの先生や生徒をほとんど不眠不休の「TIATF《ティアテフ》」に追い込むのである。

『たてやま』と命名

【準備と研修会】　演劇祭速報の成否を担う新聞部員の実質的活動開始は、第一回宿泊研修会（6月15・16日、十一校の部員と顧問が参加）。演劇祭の全体像を実行委から聞き、組織づくりや企画を話し合い、速報紙を『たてやま』と命名することも決まった。第二回研修会（7月16日、十三校の新聞・写真部員計七十三人参加）は午前中発行計画を検討、午後には準備号のための取材と原稿書き。速報発行は早くも本格化した。

【発行体制】　新聞部員（十三校・六十六人）写真部員（三校・十三人）計七十九名（内女子四十名）が登録し、日中から夜にかけては取材活動、三十～四十人が宿泊・編集にあたった。顧問教師は新聞十三人、写真二人、英文担当十二人（宿泊は五～八人）。

【紙面プラン・印刷】

〈発行期間と紙面〉　準備号に続き、七月三十一日の1号から八月五日の6号まで発行。準備号二面、2号八面のほかは全部四面。

〈印刷原版〉　一行12字×41行を一段とし、八段で一面を構成（これはほぼタブロイド版の大きさ）これにワープロでのプリント紙を貼りつける。見出しは午後三時までに印刷所に発注した凸版を貼るか、手書きにする。

〈印刷〉　午前六時に持ち込む印刷原版と写真を製版、全面を92％に縮小してB４版に仕上げる。毎号三千五百部（準備号と１・６号は千五百部）を印刷。原則午前九時から観客や関係機関に配布。

富山国際高校演劇祭と速報紙『たてやま』

▽富山国際高校演劇祭は、昭和六十年八月一日から四日まで富山市で催され、アメリカ・オーストラリア・韓国・チェコスロバキアなど世界の十一か国、十五の高校生団体が公演。国際青年年〔ＩＹＹ〕記念事業の一つとして〃ＴＩＡＴＦ'85〃の愛称で親しまれた（ＴＩＡＴＦとは富山国際アマチュア演劇祭をさし、'83年に一般団体が公演した）。この演劇祭で、富山県高校新聞研究会を中心に組織された『たてやま』編集局が、英文入りのワープロ版四ページの速報紙を前夜祭の

日から連続六日間発行した。

10人にワープロ特訓

速報の話しがあった時、私は日本語ワードプロセッサー（ワープロ）での制作を提案した。我々の速報紙は準備期間も短く、内容や編集面で到底『おおるり』に及ぶことはできない。が、ワープロなら、手書き文章――いかにも速報紙！――を越えれそうだ。和文一面なら自分一人でやれそうだし、不足な機器やオペレーターは、メーカーか販売店の協力を得ようと考えていた。が、メーカーの反応がはかばかしくない中で、速報紙は二面から四面へ構想が拡大。機材とオペレーターは相当数必要な状況になり〝ワープロ〟の悩みは深かった。結局、富山女子短大商経学科の好意でワープロ六台、プリンター二台を借用できた。オペレーターも高校生でと、本校（富山女子短大付属高）の新聞部員十人に特訓を開始したのが六月。短大実習室で土曜午後と夏休み四日間（半日）練習し、かなりの力をつけて本番に突入。日本文の全てと英文の一部を部員の力（一日に四～五人）で作成することができた。しかし、機材の移動や運用に油汗をしぼることが多かった。

『たてやま』の苦しみ　あゝ、英語版

英文は、当初から速報紙に不可欠なものとされ、実行委で英文責任者も折衝していた。が、第一回研

TIATF／'85NEWSたてやま　第４号　1985年８月３日（土）　（2）

演劇を高校教育に

シンポジウム　F・クロイニンゲン氏熱弁

八月二日、県民会館国際会議場で九時半から二時間、国際シンポジウムが開かれた。各国の代表者が「演劇と教育のかかわり」について討論した。

広い会議場は同時通訳の機械がはめこまれた机がU字型に二重に並べられていた。静かな雰囲気の中IATA（国際アマチュア演劇協会）事務局長J・イチポルグ氏が進行役をし、パネラーの紹介、教育長のあいさつと進んだ。IATA副会長F・クロイニンゲン氏の基調講演「教室と高校演劇」では演劇と技術の結び付きを述べ技術がのびると演劇も向上することを強調。また、授業に演劇を取り入れること、ビデオの交換を国同士で行うことなどを提言した。

途中に、内村直也氏がユーモアたっぷりに毒舌を披露、富山女子の劇について手厳しい批判をし、演出の人を立たせてしまった。それに対して中国代表が強く反論、会場はすっかり笑いの渦となった。また、[illegible]代[illegible]氏は「演劇には観客が必要」と述べ、それにクロイニンゲン氏が「自然な演技が必要で観客は二のつぎ」と争点になった。

議論は昼を[illegible]びて時間の不足さえ感じシンポジウムは大成功だったといえよう。

Mr.Kreuningen making a key-note lecture

うむを言わさぬ演技

舟入高・銀輪のうた

広島原爆をテーマにした演劇で知られる舟入高校は、二日午後の部に登場した。

観客に感想を尋ねるところ「原爆のイメージから考えると暗く、悲惨な感じがするが、意外にも明るかった。」（滑川・舟田さん）「エレクトーンの演奏がすばらしく、レベルがすごく高いと思う」（金沢女子高上生さん）など聞いた観客のすべてが舟入高の演技を絶賛していた。

演技は、出演者が最高の出来で、満点だと言っているように、大変まとまったもので、とても生徒の演出とは思われないものであった。

太鼓の響きに迫力

原爆の場面は迫力そのもの　浜田　学（富）

range. The area is visited by many climbers in summer, skiers in winter, and nature lovers in spring and fall.

Funairi High school. Japan

A THANK-YOU NOTE

People very warm hearted. Alway very kind and want to help. Nices place I have traveled to. I have travel to many places and Japan has the most warmest and beautiful people.

Dorothy Zane

From a Hawaiian friend

40 YEARS FROM THE AIR-RAID

On the night of August 1, 1945, Toyama City was attacked from the air by B-29 bombers, and the whole city was burnt down during the night. More than 3,000 lives were lost.

Mrs. Suzuko Shinmura (70 years old) recalled the dreadful night and said, " The night was as light as daytime because of the explosions. I jumped into the river to avoid the awful heat. I really felt more dead than alive. "

" Now we enjoy peace and prosperity, " she continued, " but my experience of the war tells me never to waste anything. "

TIAF/'85 NEWSたてやま　第４号

修会の英会話講師を招く段になって、会話講師どころか英語版制作に参加できないことが判明。急遽、県新聞研の野崎事務局長がO先生に依頼、O先生や新聞顧問のツテで十人余りの英文担当者を確保した。しかし英字新聞の制作はもちろん、学校新聞作りの経験もない方ばかり。

英文は、各紙面八段のうち、原則として下三段（四面は英文中心で上五段）を使うこと、和文の翻訳（要約）のほか英文独自の記事も盛り込む、などが順次決まった。だが、このとき英文担当者がグループリーダーとしての外国人の必要性を強く主張。実行委はボランティアでと、費用の支弁を拒否。英語版は空中分解しそう――

結局、県新聞研で費用を負担。何人もの外国人の飛入り応援も受けた。英字紙の右ぞろえ文のテクニックや文字の大きさ、文章作成スピードなどの理由から英文もワープロ使用へと切り換え――英文オペレーターの絶対的不足をマイコン経験のH先生などの驚異的奮闘で乗り切ることになる。

等々課題、困難点は山積みで、原稿に編集に連夜四苦八苦。

編集局員の苦闘

県民会館三階の編集室からはみ出しロビーも占領しての企画・取材（時には演劇と国際交流を楽しみ）、夜は県青年の家へ移って記事と編集と印刷原版作り。講堂に作業机が並び、レイアウト・写真焼付・ワープロ……深夜の作業にどの生徒も生き生きと動く。「こんな真剣な生徒を見たことがない」と教師も驚く。その教師も生徒の指導に心も身体も休む間がない。どこかの面が投げ出されたり、誰かが倒れたら翌朝の発行はない。「何で自分がこんなに」の思いが頭をよぎる一方で、各人の仕事が繋がって〝事が成る〟充実感が全員の心と身体を支えていた。原版制作の完了は早い面で午前二時、全部が揃う頃は夜が明ける。最終号は、印刷所担当者が待つ前で六時過ぎてやっと完成。思わず全員で手ジメをした。顧問は「気違いじみて、普通の部活では考えられない仕事をした。事故がなくて良かった」と言い、「英語版の試みは、殺人的であった。連日の徹夜にもしぶとく耐え、信じ難い量の仕事をこなした。久々の充実感」と英文担当者は『会報』に書いた。

高校新聞史にのこる画期的な挑戦

速報紙発行は、先の①～③の錯覚？に次の④以下の錯覚も重なり、ムリをしなくてはならない運命にあったようだ。

④実行委からの「英文入り速報新聞」発行の打診が4月——〔日がないのに〕⑤なにやかや未知数を残しながら、県新聞研総会でGO！の最終決定——〔なんと五月十七日〕その後も錯覚は続く……⑥二面は新聞としてダメ、四面か八面に——〔ホントかい？〕⑦研修会は二回——『おおるり』は二年前から数十回とか〕⑧印刷費・消耗費と宿泊費食費は実行委が持つが、あとはボランティアの精神で！——〔貧乏な県新聞研の台所は大丈夫か、生徒の交通費は？〕⑨舞台写真は撮るな、新聞社が一枚提供する——〔四面もあるのに。えい！撮ってしまえ〕⑩第1号からブッツケ本番で発行——〔練習を兼ねて準備号を本番一週間前に追加発行、実行委総会で配布〕⑪第1号の準備中、第6号追加発行の要請あり——〔えい、この際引き受けろ〕⑫実行委との考えのズレ——〔数々………〕

時間不足と錯覚を「青春爆発」と非常なムリで乗り越え、『たてやま』は連続六日間発行された。そして、その苦心の元凶こそがこの速報の次のような特徴を生んでいた。

☆ワープロ文字による（手書きでない）きれいで、読みやすい本格的速報新聞

☆国際的催しでの英文入り新聞

☆本格的新聞（B４版四面、第2号は八面）の六日間連続発行。
いろんな点で反省も少くないが、速報紙『たてやま』は、以上の点で日本の高校新聞界のエポックを築いたのでは、と思う。

ありがとう演劇祭

演劇祭のお別れパーティーで富山県知事や実行委事務局長も『たてやま』をほめてくれた。「良くできている。我々専門家顔負けだよ」（深山演劇祭実行委員長＝北日本新聞社長）『たてやま』で演劇祭が引き締まった」（高校管理職）……など評価も高い。最終日のエクスカーションに出発する駅で外国人出演者だれもが『たてやま』を欲しがった。

しかし、そうした外部の声以上に、編集スタッフに残ったものは大きい。事前の計算が不十分で、未体験であったからこそ、このような事業に取りかかってしまい、その苦心が編集スタッフに「青春爆発のチャンス・演劇祭ありがとう」（第6号・編集後記）の感情も芽ばえさせた。新聞部員は『会報』に次の文を寄せている。

『何て気違いじみた仕事なんだ』これが速報作りへの第一印象だった。昼間は慣れない外国人や社会人相手でくたくたになり、編集作業は明け方までずれ込む。私があの過酷な日々に耐え、夢中になれたのは、毎日新しい発見、感動があったからだ。取材してきたことをすぐに記事にすれば、記憶も確かで鮮明な印象をそのまま文面にあらわせる。写真担当がいると大変便利だ。皆が協力して一つのことを成し遂げる素晴らしさも知った。そして国境をこえ世界の人に読んでもらえたことが、何よりも嬉しく誇りに思われた。『速報こそ新聞だ』これが今の思いであり、また作りたいと思う」

（富山東高・新村浩子）

「あの真夏の八日間は、苦しさと疲労の毎日だけでなく、国際的な交流の場に参加できたこと、なによりも、『たてやま』をすべて刊行できたことに、僕は今までにない感動を覚えた。あの感動は一生忘れられないだろう」

（魚津高・河口学）

「英語の先生は得難い体験をしたのではなかろうか。英語を書く楽しみを味わうのは、これからもそうないだろう。熱っぽく英語を書きまくったエネルギーはどこからでたろうか。もし、青年の家で一緒に徹夜して働き、絶えず若さと熱気、明るい笑い声をふりまいた高校生のパワーがなかったら、あの元気と集中力が生まれただろうか」

（富山南高教諭・尾崎健二）

第3部

課題　入るべきか、否か

県高校文化連盟へ

高校文化連盟は高校生の交流を通じて、芸術、文化活動の発展を目ざすもので全国的にはほとんどの県で作られ、1986年には全国高校文化連盟もできている。しかしその専門部は演劇、放送、吹奏楽、美術工芸など14で新聞は入っていない。全国的には高文連を否定的に見る組織や新聞部顧問がいたためである。全国学校新聞指導者研修会（新聞協会主催）の討議でも対立があった。

富山県新聞研究会は、活動が活発な生徒を全国大会へ派遣したいが適切な大会がない状況だった。県高校文化連盟ができれば、新聞部員も会費を払うのだし、新聞専門部として参加しようとの方向性が出された。【以下は『高校新聞とやま50年』より（一部抄）】

新聞　県高文連にようやく加盟

富山県高文連の発足は1988（平1）年8月。県高文連結成の動きはその2年ほど前から耳に入りはじめた。が、それなりの伝統があり活動をしている「新聞」には一向に声がかからない。ある県で高文連に新聞が入るのを取り止めた事例も伝聞していて、富山県高校新聞研究会（以下、県高新研）内部にも高文連参加問題は「そっとしておこう」という声もないではなかった。

県高文連結成が具体化してくるにつれ、高校生の文化部のひとつとして「新聞が高文連に入らないのはおかしい」「なぜ新聞には加盟の声がかからないのか」という意見が出始め、県高新研の朝日五一会長や野崎弘事務局長が、高文連準備委員会に問い合わせたが、「全国高文連に新聞がないから、新聞専門部をつくる予定は今のところない」という返事。この段階で、加盟問題が県高新研で真剣に討議された。

「文化部のひとつとして是非とも参加」「全生徒が高文連会費を払うのだから新聞の参加は当然」「高文連と歩調が合わなければ、加盟後に辞めてもいい」ということになり、「県高文連発足時に加盟」の働き掛けを展開した。高文連準備委員会（校長会中心）では消極論もあったようだ。しかし、「演劇」などから「文化部で一番活躍している新聞が入らないのはおかしい」との発言もあって、県高文連専門部の末尾に「新聞」が加わったのは、県高文連誕生の間際だった。

県高新聞研から高文連新聞へ

新聞研究会は50年の歴史をもち、年1度の新聞コンクール（過去47回）、夏期編集講習会を中心に運営されてきた。地味な高校新聞部の団体である県高新研が県の内外で注目され、大きく飛躍した契機は

1985（昭60）年8月、富山市で世界11国の高校生が公演した富山国際高校演劇祭のために製作した速報『たてやま』であった。『たてやま』のため、7泊8日間富山青年の家でほとんど徹夜に近い発行活動を続け、当時まだめずらしいワープロで原版を作り、翌早朝印刷して会場などで配布し、英文入りでもあったので、外国からの来演者にも非常に好評であった。

これ以後、県下の高校新聞部が合同しての新聞づくりは形を変えながら継続し、県の高校新聞が発展する源となっているといってよいだろう。全国的に高校新聞が衰退するなかで、県高新研の加盟校は国際演劇祭の『たてやま』まで25～26校に低迷していた。その後増え続け、高文連新聞としての活動をはじめたこともあって、現在41校に達したのは、『たてやま』と高文連加盟抜きには考えられない（グラフ参照）。95年以降は、年により36～40校で推移している。

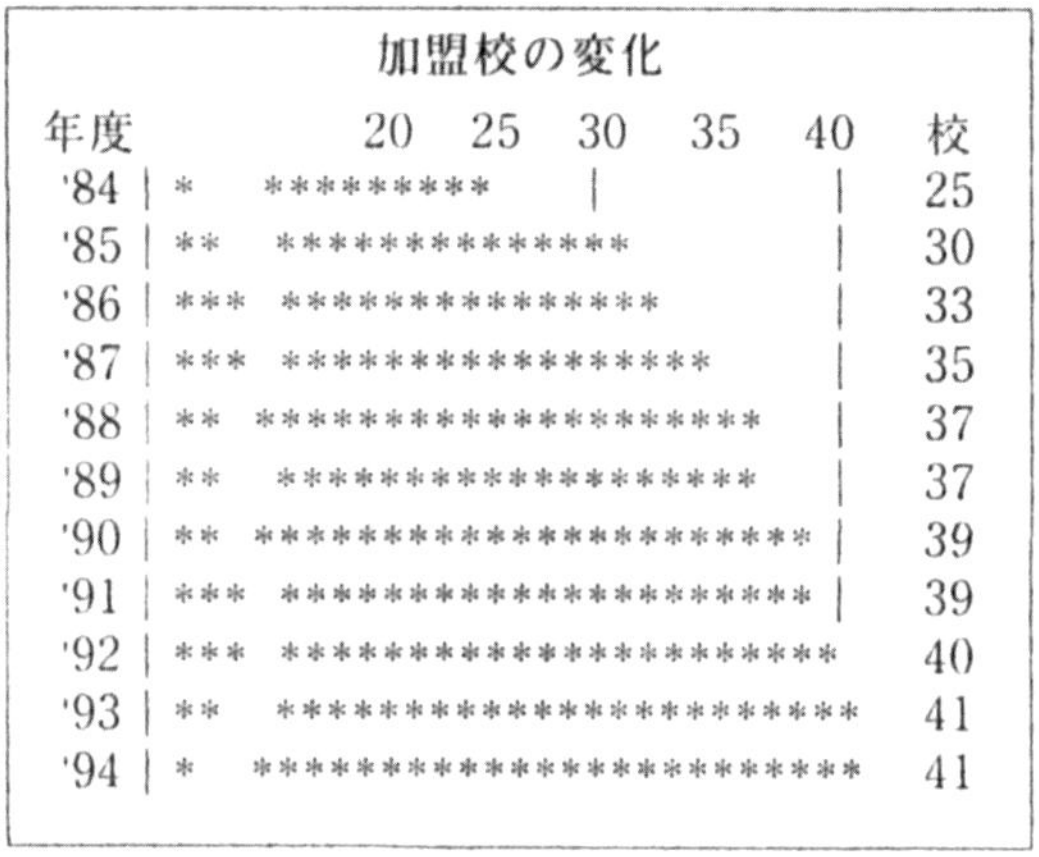

新聞専門部始動　「速報」で活気

北日本新聞版『らいちょう』『たてやま』

専門部として県高文連に加わった新聞は、発足の初年度から、県高文祭ニュース『らいちょう』の発行を全面的に担当するなど、専門部の一つとなった新聞の活動に次のものが加わった。(a)美術、書道、写真との「高文展」に各校の新聞や「新聞活動のようす」を展示。(b)県高文祭ニュース『らいちょう』の制作――県高校文化祭のようすを新聞部員が取材編集して、タブロイド版（一般紙の半分大）表裏2面を制作。文化祭の約2週間後に県下の全高校生に配布した。(c)『県高文連会報』――新聞専門部の代表が編集の中核を担当。

北日本新聞に県高文祭ニュース

『らいちょう』第3号発行のころ、より一層生徒に読まれるスタイル、カラー化などの検討をはじめた。が、費用問題で実現は難しかった。そんな時、エレベーターで坂下富新聞専門部代表が、北日本新聞社の石黒成治編集局長と偶然出会い「高文連の新聞『らいちょう』を北日本新聞に載せれませんか」と話しかけた。石黒さんが「ああいいですネ。佐藤部長に話しておきますから、詳しいことは彼と」と答えられ、エレベーターが4階から1階に着く前に話は終わっていた。

佐藤部長との話し合いで「一個面を2日間、カラー写真可、一切無料で北日本に掲載」が決まった。発行が目前に迫っていた『らいちょう3号』は余りにも急なので、次年度まで見送ることにした。この間、沖縄特派員のことが具体化し、先に『全国高文祭ニュース・らいちょう』が8月に掲載された。これが北日本新聞社内はじめ各方面で高く評価され、『県高文祭ニュース・らいちょう』実現への弾みがついた。

◆『らいちょう』(秋)飛翔の苦しみ

北日本新聞への掲載は4号から計画が具体化していったが、一般紙への『らいちょう』掲載について、県校長会の一部から慎重論が出始め、北日本新聞版『らいちょう』は飛び立つ前に何度か〝緊急避難〟をするハメに追い込まれ、県高文連の竹内会長、奥野事務局長も問題解決のために相当な努力と調整を迫られた。北日本新聞版『らいちょう』は〝墜落〟の危機を乗り越え発行へこぎ着けた。

◆『らいちょう』制作の手順

i　県高文祭の予定などの情報収集
ii　第1回編集会議――取材分担と編集長、デスク(各日4人)、総務などの役割分担決定
iii　第2回編集会議――北日本新聞社の整理担当記者などと制作スケジュールなど調整

ⅳ　紙面制作（県高文祭当日2日間）各校最高4人の制限で、20～25校の部員と顧問が参加

朝の全員ミーティングのあと取材、原稿執筆をして、午後2～3時頃から原稿、割りつけを新聞社に渡し、帰宅する者も。午後6時前にほぼ仕事は終了。夜8時前後に担当顧問が校正に立ち会う。

◆『らいちょう』の発行

県高文祭取材のニュースは、翌日の『北日本新聞』朝刊の一個面12段にカラー写真3枚を載せ約20万部が県内の家庭や職場に配達される。その後2～3日で、2日分を表裏に印刷したものが、各学校へ全生徒分届けられる。

◆『らいちょう』の評価

北日本版『らいちょう』を初めて発行した後、県高文祭を総括する理事会で、「各方面の方々から絶賛され、〃ほめ殺し〃ではないかと思うほどほめられた」（竹内会長）「県民に高校生のパワーが伝わった」（県教委文化課担当者）などの発言があり、高く評価された。

全国高文連研究大会（平成5年3月、金沢）でも県文化祭を取材編集する『らいちょう』、全国高校文化祭に特派員を派遣することに全国の高文連関係者から強い関心が寄せられた。この発表が全国の新聞専門部創設への一つのきっかけも与えてくれたのである。

沖縄へ特派員派遣――『全国高文祭ニュース』

全国の高校生が多数集う総合文化祭は、インターハイに比べ地味で目立たない。平成4年の沖縄大会の時、新聞専門部は『高文連会報』のための特派員を派遣することを提案。これが具体化する過程で、北日本新聞の佐藤省三メディア開発部長のすすめもあり『北日本新聞』への掲載が決まり、現地沖縄からのニュースと写真は、共同通信社のルートで北日本新聞へ送られ、囲み特集『全国高文祭ニュース・らいちょう』として連続4日間報道された。

各年度の派遣校と人数は次の通り（＋は顧問数）。

4年度／沖縄　国際大付2＋1　高岡2

上・富山女子高マーチング部を取材する八尾高新聞部員＝2001年福岡全国総文祭
左・インターハイ速報『たてやま』編集室＝1994年

5年度／埼玉　魚津2＋1　上市2＋1
6年度／愛媛　富山女4＋1　福野2＋1

インターハイに『たてやま』

全国高校総体が、1994年に富山県で開催されるに当たり、新聞専門部は一人一役として〝速報〟を発行する方針で、高校総体推進室などと折衝をしたが、過去に例がないとして、理解を得ることができず、新聞部員は「一人一役体制」の傘下に入ることはできなかった。その一方で、北日本新聞への掲載が決まった。題字を『たてやま』とし、初日はカラーで8段（全部で3回）、あと11日間は全5段のスペースの提供を受けた。大会が迫った7月になって、インターハイ実行委員会の理解があり、Tシャツ、ネームプレート、編集室の昼食・夕食などの協力が得られた。

夏のインターハイ前半の14日間、気象台はじまって以来の記録的猛暑のなか、取材や編集に携わった。クローズアップ、おじゃまします、一人一役などの囲み記事を定番にして、特集や選手・観客の声が連日紙面を飾った（試合の結果や経過ははじめから取り扱わない予定だった）。「富山の米、水」「猛暑」「終戦記念日」などが特集でも特に注目された。大きなカラー写真で選手の活躍が一杯の北日本新聞スポーツ面のなかで、高校生の目で多くの県外選手や話題を取り上げた『たてやま』は、読者の関心を集めたらしく、北日本新聞のカルチャーセンターに来る女性たちと部員がエレベーターなどで出会ったとき、『たてやま』編集部員と知って「楽しみに読んでいますよ」と励まされたこともしばしばだった。

種目の速報発行の例はあったが、インターハイそのものを取り上げた速報の例はなく、しかも地元最大の発行部数の一般新聞への連日の掲載という大仕事に、担当した関係者はもちろん、読者、高体連関係者、新聞社、日本新聞協会など各方面から高い評価をいただくことができた。これも、『らいちょう』での実績があったとはいえ、北日本新聞社の理解の賜物である。

高文連と新聞専門部

新聞にとっての県・全国高文祭

『らいちょう』(秋) の発行によって――・毎年継続的に学校を離れ他校と積極的に交わる。・いろんな会場に出入りして取材対象と係わる。・2日間の限られた時間での共同作業でスパークしあい、互いに学ぶ。・編集の翌日のカラー写真入りでの迫力ある紙面への満足感・成就感。

以上の点など新聞活動の緊張とおもしろさとを実感し、「暗い」「シコシコと原稿書き」と言われる新聞部員(顧問も含む)に大きな変化を起こしているようだ。『らいちょう』編集参加者の顧問・生徒が(1校4人以内という制限にもかかわらず)、2年目は20名ほど増えて24校、100名を数えたことや参加者の雰囲気からうかがえる。その後は、編集も慣れ20校前後の50〜60名がコンスタントに参加している。共同デスクは技術上からも人間関係からも大きな刺激を参加する部員に与えていることが多いようだ。

一方全国高校総合文化祭『らいちょう』（夏）の発行によって、・行ったことのない土地を訪れ、限られた時間で取材と送稿をなしとげる。・翌日の北日本新聞に自分たちの書いた記事や撮った写真が掲載される。・リアルタイムで自分たちの活動と新聞が連動している実感。

以上のような体験が、新聞部員たちを大きく成長させる例が多い。

高校文化祭埼玉大会の特派員となった上市高校新聞部員は、県ＮＩＥ研究大会で次のように述べている。

「高総文祭は予想を遙かに上回る素晴らしい祭典で、高校生のパワーと可能性がひしひしと伝わってきました。こんなすばらしい個性たちが光っていると思ったら、私自身もっといろんなことに挑戦したいという意欲がわき、私を奮いたたせました。学校新聞の記事は気軽に書いていましたが、北日本新聞に載るとなると、読む人の気持ちになってわかりやすく書くことの大切さを知り、自分の記事を他人に読んでもらいたい気持ちから、新聞をよく読むようになりました」

新聞は学校内でも本質的に目立たない「裏方」的存在だが、富山県では自ら輝く存在となりつつある。

それは、従来の活動に加えて「高文連新聞」としての活動領域を広げたこと、なかでも北日本版『らいちょう』によって飛躍できたことが大きい。当初は、押し掛け女房的に県高文連に加盟したが、今は「高文連に加盟してよかった」の思いを深めている関係者がほとんどである。

県高文連にとっての新聞専門部

「組織化が遅れた分、財政、広報、組織などの面で大きな課題を抱えて、広報活動の大切さを痛感しているが、『らいちょう』や『会報』が大きな役割を果たしている」（県高文連谷内田事務局長談）のように、北日本版『らいちょう』発行による広報効果は大きい。また、記事になることで、出演者・出展者・見学者などの満足感も大きい。ともすればバラバラになりがちな、個性ある各専門部という「玉」を文化祭に結び付ける紐の役割を『らいちょう』＝新聞専門部が果たし、個性的「玉」が結びついたネックレスとして県高文連と各専門部がともに輝いていると言えないだろうか。

’92年『らいちょう』誕生

高校生の書いた記事が、編集した見出しや写真が、次の日の『北日本新聞』朝刊として20万部以上が各家庭に配達される――ある意味では、〝破天荒〟なことが、よく実行でき、しかも10年経過した現在も続いている。そんな『らいちょう』が誕生したのは１９９２（平成４）年であった。
夏の全国高校総合文化祭には、富山県からもいろんな部門に数多くの高校生が参加する。しかし、そのことは一般高校生はもちろん、県民にもほとんど知られていない。同じことは、秋に開かれる県の高校文化祭についても言える。
全国から生徒だけで１万５千人以上が集まる全国高校総合文化祭は、マスコミの報道も開催県以外ほとんどゼロに近い。そこで、県高文連新聞専門部代表であった私は、92年の沖縄大会へ向けて県高文連事務局長の奥野先生に、県高文連としての生徒特派員を派遣し『高文連会報』などのための取材をすることを要請した。これが具体化する過程で、『北日本新聞』への速報としての掲載も決まり、現地沖縄からのニュースと写真は共同通信社のルートで地元、富山へ送られて連続４日間、囲み特集『全国高総文祭ニュース・らいちょう』として報道された。これが一般紙掲載『らいちょう』の記念すべき第１号であった。同じ年の秋には県高校文化祭を報道する『らいちょう』が北日本新聞の一個面に２日連続で掲載された。〔詳しくは次の項〕
『らいちょう』はすごいですね」という他県の関係者の声を聞くことがある。しかし、10年を経過した今も、どの新聞社も、どの県の高文連や新聞専門部も実現できていない。特に新聞社の関係者にとっては、中身の見えない高校生の取材記事を、締切り時間の厳しい翌日の朝刊として紙面を提供出来ないのが当然であろう。そんな意味で〝破天荒〟なことが実現できたのは、北日本新聞社の当時の編集局長、担当部長の英断であったと、今も頭が下がる思いがする。

新聞教育研究所の大内文一所長は、〝快挙に拍手〟として県新聞会報23号に次の文を寄せている。

――『らいちょう』制作は、コンクールではライバル同士となる間柄の各校が一致協力して一つの新聞を作り上げた。しかもＮＩＥの一環として、地元新聞の紙面を使って。この教育的意義は大きい。もともと新聞はバラバラに存在する「個」を、一つの集団として機能させる接着剤の役割がある。今回の快挙に拍手を送ります。

レポート　『高校新聞とやま50年』より

空高く飛んだ『らいちょう』

県高文連ニュースを一般紙で速報

富山県高校文化連盟新聞専門部代表
富山国際大付属高校新聞部顧問　坂下　富

富山県高文連新聞専門部（県高校新聞研究会＝以下、県高新研という）が編集した『県高文祭ニュース・らいちょう』（1992年11月発行）は、県高校文化祭を総括する理事会で、「各方面の方々から絶賛され〝ほめ殺し〟ではないかと思うほどほめられた」（竹内県高文連会長）、「県民に高校生のパワーが伝わった」（県教委文化課担当者）などの発言があり、高く評価された。

県高新研では、1985（昭和60）年の富山国際高校演劇祭以来3回の『演劇祭ニュース』発行に加え、富山地区合同紙『じんづう』3回、県高文連発足以降4回発行の『らいちょう』など、共同紙面制作の体験は多い。しかし、92年度の『らいちょう（4号）上・下』は、富山県下で最大の発行部数を持つ地方紙『北日本新聞』への掲載、カラー化、速報化などの点で画期的試みではなかったかと思う。

『らいちょう』は、もともとタブロイド2面で年1回、県高文祭後約2週間で県下高校生全員に配布。

91年の第3号発行のころ、高校生により以上に読まれるスタイル、カラー化などの検討を始めた。が、費用が3倍以上に高つくため、企業広告などの打診もしたが実現は難しかった。

エレベーター会談で「OK」

91年の11月初旬、筆者（坂下）がエレベーターで北日本新聞社編集局長の石黒さんと偶然出会った。余り面識もなく失礼かと思ったが「高文連の新聞《らいちょう》を北日本に載せれませんか」と話しかけた。石黒さんは「ああいいですネ。佐藤部長に話しておきますから、詳しいことは彼と」と答えて下さり、エレベーターが4階から1階に着く前に話は終わっていた。ちょうどこの年の5月からNIE(Newspaper in Education)として、北日本新聞に週1回、中学と高校が制作した紙面の掲載が始まっており、県高新研と北日本新聞社との付き合いも長いが、石黒局長の速断にはびっくりした。担当部長との話合いで北日本新聞社版『らいちょう』実現の見通しがたった。

沖縄特派員ニュース一般新聞で詳報

特派員は本校と高岡高校の2校の新聞部員4人と引率の筆者の計5人。開会式前日の8月2日、沖縄へ着いた一行は早速、ひめゆり平和祈念資料館へ。3日から5日まで、各会場を分担して取材。写真はホテル近くのラボでスピード仕上げ。原稿は会場やホテルで書き上げ、夕方6時までに北日本新聞社へ原稿と写真を送付（共同通信沖縄支局から）。新聞社からは翌朝発行の新聞がファックスでホテルへ届く。

「締切り時間がきっちり決まっていたから面倒でつらかった」「締切り間近かは10分が1秒ぐらいに感じられた」「自分の記事が毎朝の新聞に載るのはとてもうれしくてけっこう得意気分だった」――と、特派員としての苦しみと同時に、満足感、充実感を持ったようだ（後の座談会で）。

囲み特集『全国高総文祭ニュース・らいちょう』4日間の内容は、富山県の派遣高校生の活動ぶりや作品の紹介、沖縄の高校生・ひめゆり隊生存者などのインタビュー記事、記者一人ひとりの短信などを盛り込んだ。

全国大会の参加者は、自分の参加部門だけに顔を出すのが普通。しかし、いくつもの会場を取材した特派員として、次のような声もあった。

「高総文祭自体が小規模なものと思っていたから、高校生がこんな大規模な文化祭をつくりあげたことにびっくり」「文化部の発表には、華やかさがないと思っていたけど、ホントに活気があふれていた」「全国高総文祭をもっとたくさんの人に知ってもらいたい」

詳しくは高校生記者の見た全国高総文祭と沖縄　83頁

二転三転の『らいちょう』計画

県高文連会長などの理解と支持もあり、県高文連理事会で「北日本への掲載」が決定され、『北日本新聞』との間では、高文祭ニュース『らいちょう』の掲載がどんどん具体化した。1頁分の全部（見開き2頁も可）を2日間、カラー写真入り、無料、広告部分は低料金（差額は高文連の収益）、という好条件が順次決まり、県高新研でも異論は無く、カラー化・速報化の計画が進んだ。8月に先述の『全国高総文祭ニュース・らいちょう』が北日本新聞に連載され、「いやぁ面白かった。新聞社内外での評判も高い。11月の『らいちょう』発行への社内での理解が非常に深まった」（北日本・佐藤部長談）。

しかし、一般紙への『らいちょう』掲載について、県高文連の上位組織である校長会の一部から慎重論が出始め、北日本新聞版『らいちょう』は〝墜落〟しないまでも〝緊急避難〟をするハメに何度か追い込まれ、県高文連の会長、事務局長も問題解決のために相当な努力と調整が迫られた。問題点は次の4点。

A＝北日本新聞のみへの掲載の疑問

B＝高文連が広告を取るのはダメ

C＝高文連として記事に責任が持てるのか

D＝高校生全員に配布しなくていいのか

北日本以外の新聞社も高文祭の後援に名を出していることがAの理由であったため、当該新聞社へ事前に了解を求め、NIEとして北日本に掲載する旨を強調し、新聞に表示することで校長会サイドの理解を求めた。

Bは「高体連も広告をとっていない」が主な理由。最終的には高文連自らの協賛広告は断念し、新聞社に全面的に任せた（新聞社は予備校の広告を掲載）。事前に用意したCMのコピー（広告文）は陽の目を見ず、まぼろしに終わった。断念したすぐ後、「全国高体連、インターハイでコカ・コーラから協賛金2億円」の記事を見て複雑な思いをしたことは今でも忘れ難い。

Cについては、竹内県高文連会長（県立新湊高校長）が「責任を持つ」ということで了承。

Dの生徒への配布は、「紙代だけ」という安い価格で新聞社が両面カラー印刷、新聞発行後2、3日で生徒分を各高校へ配達してもらい、より良い形で解決（予備校の広告は、高文連からのメッセージに差し替え）。

一人ひとりが繋がって

顧問会議でいくらかの報告や検討をしたが『らいちょう』発行が本格化したのは、10月20日の準備会から。過去の共同紙面づくりのノウハウもあり、発行体制、企画、取材担当などはあまり問題なく決まっていった。初体験の〝新聞社との連携〟は、新聞社の担当者との打合せで、相互の思い違いや問題点が多く出されたが、締切り時間や編集体制の一部手直しで解決のメドがたった。

高文祭当日、メイン会場の県民会館の一室に編集室を設けて20校から生徒50人、顧問20人余りが1日ずつ参加（2日間に延べ約80人）。分担して取材、割りつけをして夕方5時半に新聞社の担当者に渡す予定だったたが、3枚のカラー写真の位置決めを先にするためのレイアウトの難しさ、記事・写真の遅れなどで出稿は遅れ気味。

写真は、短時間仕上げのカラーラボでプリント。過去の『演劇祭ニュース』や『じんづう』は、ワープロでのプリント紙で版下製作まで行ったが、今回は取材記者とデスクの分業で割りつけ以降の仕事が不要。これまでのように、記者・ワープロオペレーター・整理記者（見出しづくりや記事文章の貼りつけ）・校正係などの仕事をいくつも掛け持ちするという多忙さはなく、編集室にワープロなどの機材も不用。デスクに原稿を渡して「ＯＫ」の記者の中には、午後3時過ぎ早々と帰宅する者も。その意味では、『演劇祭ニュース』のように夜遅くまで３Ｋ的な仕事に取組んで〝燃える〟〝爆発〟ということはなく、じっくり各人の仕事をこなす雰囲気がある。４人のデスクが割り付けや見出しに苦しみながら、新聞社の〝プロ〟に相談したりして仕上げる。

生徒一人ひとりの担当部門が繋がり、新聞の形が出来ていく。デスクが見出しと割り付けについて新聞社の点検を受け、順次出稿し、完了は7時前。新聞社（編集室から約3百メートルの距離にある）での入力を待って、顧問教師と生徒3～4人が8時ごろから新聞社へ出向き、校正を2回行って10時前には完了。

『らいちょう』上号は11月15日、下号は17日（16日は新聞休刊日）の『北日本新聞』の各朝刊約20万部の1頁として印刷され各家庭へ。その2、3日後『らいちょう』はブランケット表裏2面約6万部に印刷し直して県下の全高校生に配布された。

発行前は「1年限りの試行」とされた北日本版『らいちょう』は、その後、新聞社を筆頭に県高文連、県高新研とも継続発行を早々と決めた。

◇　　　◇

1992年　高校生記者が見た
全国高総文祭と沖縄

富山県の高校新聞部員4名が特派員として初めて県外取材をし、しかもそれが北日本新聞に翌朝の記事として載る。取材という目で全国大会を、そして沖縄をどう見たのか、第1回の全国高総文祭沖縄取材を座談会として紹介する。

『全国高総文祭ニュース』が北日本新聞に1992年8月3日から連日4日間掲載された。県の高校新聞部員4名が沖縄特派員として、第16回全国高校総合文化祭沖縄大会を現地取材したニュース・写真を富山に送ったもので、全国に例を見ない活動であった。高岡高校の今井貴子、川本伊都美、富山国際大付属高校の車谷奈緒美、牧野薫の4特派員に、高総文祭のようすや沖縄の印象などを話してもらった。司会は引率の坂下富顧問（富山国際大付属高校）。

司会　高総文祭沖縄大会の印象は？

川本　高総文祭自体がとても小規模なものだと思っていたから、高校生がこんな大規模な文化祭をつくりあげたことに驚いてしまった。同い年なのに〝すごい〟の一言。

牧野　うん、取材に行くまで知らなかった。文化部の発表会は、華やかでないと思っていたけど、ホントに活気があふれていた。

車谷　開会式がとても華やかで、しかも高校生の司会やあいさつ、演技が素晴らしかった。沖縄の高校生は自分にも、沖縄県にも自信や誇りを持っている気がした。

今井　一般の人に聞いたけど「エネルギーがあってよい」と言っていたし、「素晴らしいの一言」「言うことなし」という声がたくさん取材できた。

川本　企画がよくてしかも、手話とかの気配りがきいていた。踊りとか、郷土芸能や歌であきさせないし、偉い人とかの話で眠くなるようなことがなかった。

今井　全国の高校生が、いろんな文化の花を咲かせたみたいで・・・。高総文祭をもっとたくさんの人に知ってもらいたいな。

司会　各部会とか会場のようすはどうだったかな。

牧野　ほとんどが高校生スタッフだったから驚きだった。沖縄の高校生が3千人ちかくも運営委員として活動していると聞いたけど・・・。

川本　それぞれの会場で係をしている高校生たちの、見学者に対する細かい気配りがとてもうれしかった。美術・工芸でのおしぼりとか、氷柱のサービスなんかあったし。

司会　美術部門の先生が「交流会では、目の見えない生徒が司会するなど、高校生中心の運営が良かった」と言っていたように、どこでも生徒がいきいきしていたね。

今井　演技や作品についての評判もよかった。写真部門なんかは、作品にくっつきそうになるくらい真剣に見ている人がいて、どこでも「大人顔負け」という感想が多かったね。

車谷　バトントワリング・マーチングバンドがすごく盛り上がってて、拍手、声援がすごかった。男の子がバトンやるのに驚いた。おまけに、けっこうかわいい少年だったので、にやけてしまった。

川本　全国から集まった高校生たちは、競い合う仲間であり、実力を認めあう仲間のように見えてうらやましかった。わたしもそういう仲間がほしいなーと思ってしまった。

司会　みんなは初めて沖縄へ行ったんだけど、沖縄で気付いたこととか〝発見〟したことなんかなかったかな。

(23)　第3社会　平成4年(1992年)8月3日

らいちょう　全国高総文祭ニュース　富山県高文連沖縄特派員

三日から七日まで、沖縄県で全国高校総合文化祭が開かれ、県内二十三高校の生徒百四十五人と引率者二十七人が参加する。今回は特に高校新聞部員による特派員が北日本新聞社から派遣され、大会の様子などを連続四日間、本紙で伝える。

23高校172人が参加　県内から
きょう全国高総文祭開幕　沖縄で

全国高校総合文化祭（全国総文祭）は、文化のインターハイとして親しまれており、芸術、文化活動の発表を通じて、創造活動の向上を図り、友情の輪を広げることを目的としている。

復帰二十周年を記念した今年の沖縄大会で第十六回を迎え、全国四十七都道府県から推薦された千五百七十九高校、一万五千人の高校生が、宜野湾市での開会式をはじめ沖縄本島各地で部門ごとに集う。

富山県からは県高校文化連盟が設立された平成元年から本格的に参加。今年は合唱、マーチングバンド、美術など十部門で、百四十五人の生徒が全国の仲間との交流を楽しみに、二日から順次、沖縄へ向け飛び立った。

さまざまな民芸品

シーサー

私たちの乏しい沖縄の知識をちょっと紹介。

★個性的な顔、形で、今大会のシンボル（右のイラスト）にもなったシーサーや、ガラス細工などのさまざまな民芸品がある。

◆第二次大戦後、約三十年間アメリカの支配下にあった沖縄は、全体の一五％（県平均は八・三％）が米軍基地になっているという。

◆年間三百万人の観光客が訪れる沖縄は、観光、さとうきびが一、二を争う産業。でも県民所得は日本で一番低いとか。

▽青い海とサンゴ礁、スキューバーダイビングが一年中楽しめる沖縄は、日本一のリゾート地？

高総文祭の合間に、そんな沖縄の様子も知りたいと思い、沖縄へ旅立つ。

はいさい

特派員として、全国高総文祭ニュースを現地沖縄から送るのは、高岡、富山国際大付属高校の新聞部員四人。いずれも二年生。引率は県高文連新聞専門部代表で、国際大付属高の坂下富教諭。

▽牧野薫（国際大付属高）「県高文連初の特派員でちょっと緊張。文化系の部も〝燃えている〟ことが分かる記事を書きたい」

▽東谷奈緒美（同）「高総文祭に向けて盛り上がる沖縄の高校生の姿や、出場する富山県のみんなの頑張りを、詳しく伝えたい」

▽今井貴子（高岡高）「沖縄行きが決まってからは、毎日がドキドキの連続。沖縄に集まるたくさんの高校生と友達になれたらいいな」

▽川本伊都美（同）「沖縄へ行ったら自然とたくさんふれあいたいけれど、まず自分に与えられた仕事を責任を持ってやり終えたい」

全国高校総合文化祭の会場

参加高校と人数

沖縄大会参加の高校と部門別人数（引率含む）は次の通り。

【合唱】水橋（42人）【マーチングバンド】富山国際大付属（53人）【邦楽】高岡女子（15人）【吟詠剣詩舞】石動小矢部分校、砺波女子、大門（計13人）【美術・工芸】▽絵画　富山中部、新湊、富山第一▽デザイン　呉羽、富山▽工芸　高岡工芸（計11人）【書道】桜井、魚津、上市、高岡南（計6人）【写真】富山、魚津、富山商業、高朋、高岡第一（計8人）【放送文化】呉羽、桜井、砺波、石動、魚津、富山国際大付属（計19人）【弁論】井波（2人）【新聞】富山国際大付属、高岡（計5人）

全国高校総合文化祭への初の高校生特派員派遣を伝える「らいちょう」1号＝北日本新聞1992年8月3日

車谷　原付（バイク）の多さ、タクシーの多さかな。電車とか列車が全然ないから、どんな田舎へいってもタクシーが走っていた。外人が多いと聞いていたけど、それほどでもなかったのが残念。それに基地のゲートまで行ったのに・・基地に入りたかったー。

川本　海は本当は、こんなにきれいなもんだということを知ったこと。それに買物をするときの店員とお客のやりとりが良かった。八百屋のおばさんに料理の作り方もならったし。

牧野　料理もちがう、町並みもちがう、人の感じもちがう。で、なんでもかんでもきょろきょろ。「めんそーれ」とか、言葉をいろいろ教えてもらった。自分の方の方言もひどいと思っていたけど、沖縄のもひどかった。全然日本語って感じじゃなかった。これが発見したことかな。

車谷　念願の、米軍の嘉手納基地へ行って、飛行機の音のひどさとたくさんの土地が基地に取られているようすにびっくりした。

今井　私は、今まで戦争の跡を残す広島や長崎にも行ったことがなかったので、ひめゆりのたった4人の生き残りの、宮良さんの話を聞いたり、南部の戦跡を回って、初めて戦争の恐ろしさを実感できた。沖縄では、一番このことが心に残った。

司会　戦争・基地などの意見がコラム欄「シーサー」に毎回のように書かれていたし、タクシー運転手の宮城さんも「沖縄で見てほしいのは、海と戦跡」と言っていたね。ところで、自分の書いた原稿が翌朝の朝刊に載る〝新聞記者〟になった気分はどうだったかな。

車谷　普段の部活とあんまり変わらないけど、締切り時間がきっちり決まってたから、ルーズな私には面倒でつらかった。

（23）　第3社会　平成4年（1992年）8月5日　水曜日

らいちょう

全国高総文祭ニュース

富山県高文連沖縄特派員

砺波女子 書道吟を披露

各地で部門ごとの発表

二日目を迎えた第16回全国高等学校総合文化祭は四日、沖縄各地で部門ごとの発表が始まった。

吟詠剣詩舞は、宜野湾市民会館で行われ、高校生とは思えないほどすばらしい吟詠や舞いを披露。富山県からは、石動・小矢部分校、大門、砺波女子の三校が出場した。

書道吟を披露した砺波女子三年、冨田恵子さんは「仕[illegible]されたことを思い出しながらやりました。とても満足しています」と笑顔で話した。

「名鎗日本号」の剣舞を行った大門三年の前[illegible]さんは涙ながらに「今までで一番良いできでした。富山県代表として立派にできたと思います」。

放送文化の発表は、浦添市民会館で、アナウンス・朗読・ビデオ・ビデオレター・創作の四部門に分かれて行われた。

トップバッターで緊張したという真谷祥子さん（呉羽）は、アナウンス部門で校内ニュース」を発表。毎日は、国際化をテーマに〝リーちゃん〟へ先生や友人がつづったメッセージを扱った作品。

魚津のビデオレター部門「サワディ・クラップ＝タイ人留学生リーちゃんへ」は、

本田のり子さん（桜井）は柏原兵三作「長い道」を朗読した。

同じ朗読の小林夏代さん（石動）は、富山を舞台とした宮本輝作品「蛍川」。小林さんは「富山弁と作品中の千代の心境の変化に気を配った」と満足そうな表情だった。

放送文化の会場は、ロビーでお茶をたてて配ったり、おちついた雰囲気ながら、発表の合間に取材用の新聞をチェックして題材をさがし、学校近くの呉羽山でおこる自然破壊をテーマにした作品で、「みんなに身近な環境破壊が進んでいることを知ってほしい」と訴えた。

ビデオをまわす学校もあり、活気がいっぱい。審査結果は二日目の発表が終わってから行われる。

美術・工芸部門の作品は那覇市民体育館で展示され、富山県からは絵画三点、デザイン二点、工芸三点が出品されている。展示期間は四日から七日までの四日間。倶楽からもすばらしい作品が数多く出品され、レベルの高い展示会となっている。

作品を鑑賞していた中年の男性は「創造の可能性を秘めた高校生ばかりで、将来がとても楽しみ」と満足げに話してくれた。

記念パレードは三日夕、那覇市の国際通りで行われ、沿道を埋めた多くの観客を魅了した。

パレードには、ハワイ高校生のフラッグドリルチームを先頭に全国四十六校のマーチングバンド、バトントワリング千六百人が参加。華やかに色どった各県代表の高校生たちは、多くの観客をあっと言わせるほど、軽やかでエネルギーあふれる行進を見せ、「高校生がここまでやるとは…。とてもすばらしい」と感心する人たちもいた。

はいさい
戦争の悲惨さ語りつぐ

「看護婦の代わりとして、ケガをした兵隊さんたちのお世話をしたりしていました。最後は南へ逃げ、狭い壕（ごう）の中に九十六人が潜んでいました。その中で私は、自分も元気づけるために、小さい声で歌ったりしました」と語るのは、

宮良ルリさん

三百二十人のひめゆり部隊のたった四人の生存者の一人、宮良ルリさん。四人のほかはみんな死んでいきました」。

「苦しくて恐ろしかったけれど、いつかきっと親に会うんだ、青い空を見るんだ、と思い頑張りました」

「ひどい生活でした。そして最後には、壕の中に爆弾が投げ込まれ、私を含む…」

当時のことを思い出しながら、復元された壕の前で語ってくれる宮良さんは現在、ひめゆり平和祈念資料館の証言委員として、訪れる人々に戦争の悲惨さ、平和の大切さを訴えておられる。

書道吟を披露する砺波女子の仲間たち＝宜野湾市民会館

シーサー

★「こんにちは」。高総文祭の会場に入ると受け付けの高校生が元気よく呼びかけてくる。私もすかさず「こんにちは！」。いろいろな人とあいさつを交わすのはステキだな。（Ｉ）

❤富山の演劇部でＴ・ＩＴＦ92ニュースを発行している人みんな、がんばっていますか。沖縄は光線が強く、タクシーもクーラーがんがん。こちらは、明日の取材で〝打ち上げ〟。（Ｎ）

◆沖縄名物のそうきそばを食べた。（そうきは、沖縄の言葉で〝あばら〟の意味だという）。そばなのにそばは粉が入っておらず、豚の骨つきあばらが入っていておいしかった。（Ｍ）

◆ひめゆりの塔に手を合わせると、この地で命を失った女学生の悲しみの叫びが聞こえてくるようだった。戦争の罪の深さを、つくづく考えさせられた。（寛）

全国高校総合文化祭と沖縄のようすを速報した「らいちょう」3号＝北日本新聞1992年8月5日

川本　ホント、複雑な気分・・。私も、記事の締切りに追われるのはとてもつらいと思ったけど、自分の記事が新聞に載るのはとてもうれしくて、けっこう得意気分だったかナ。

今井　あんな少しの記事でもヒーヒーなのに、実際の記者は記事の量も多いし、毎日毎日だし、すごいと思った。締切り間近は、10分が1秒ぐらいに感じられた。どうやら私は新聞記者になれそうもないなぁと思ってしまった。

牧野　ほんと大変だった。最後の5日の分が終わって、良かったと思って胸をなでおろして、会場のコンベンションセンターの裏の海で泳げたし、記者の気分はよかったネ。

司会　沖縄では毎朝、北日本新聞社からファックスで送られてくる新聞を見ていたが、富山へ帰ってから本物を見た感じはどうだった。

今井　自分たちが書いたこの新聞を大切に大切に取っておいて、おばあちゃんになったら縁側で読みたいなぁ、と思っています。

司会　最後に、沖縄特派員として苦労したことや言いたいことはないかな。

今井　苦労したことは、なんと言っても、「この作業が終われば・・」と念じながらホテルで、原稿を頑張って書いたことかな。原稿が一番イヤな作業だった。

車谷　取材・取材、原稿・原稿で、全然時間が足りん！　もう1泊して離島とかでスキューバーダイビングとかしたかった。それに「富山から来ました」と言っても、ちゃんと分かってくれた人は1人もいなかった。もっと有名になってほしいと思った。

牧野 帰りの飛行機の空港ビルを間違えて、最後の最後で強烈に走ってしまったことが、一番の苦労だったかな。でも楽しい思い出の方が圧倒的に多かった。

川本 取材に行ったり、締切りの時間があったりと、時間を守らなければならなかったので規則正しい生活ができた。いろんな人と挨拶を交わしたり、インタビューをしたりしてとても楽しかった。でも観光の時間が少なかったので、今度は遊びに行きたい。新婚旅行もいいかなぁ、なんて思っています。

司会 沖縄は毎日雨が降らず暑くて大変だったけど、帰ってきた次の日、沖縄は台風10号で大荒れで、飛行機も船も全て運休。運がよかった。沖縄で取材、富山で発行という態勢で、思ったようにできなかったことも少しはあったけど、初めの予定以上に大きな成果をあげられたと思う。4泊5日の取材旅行、ホントにごくろうさんでした。

◇

北日本新聞の編集局長の石黒さんは「ごくろうさんでした。とてもよかった」と話され、部長の佐藤さんは「社の内外とも大好評でしたヨ。これからもどんどん、こういうことをやりましょう」と力説された。

『らいちょう』飛び続けて30年

高校新聞界ソリューションの先兵

富山国際大付属高校を退職して既に20年近い坂下は、毎年夏と秋の北日本新聞『らいちょう』を楽しみに待っている。夏の全国総文祭はどこの県で、どんな取材をしているのか、秋の県高文祭はどんなレイアウトでどこの高校が何を伝えるのか、興味は多岐にわたる。その『らいちょう』が飛び始めて、2022年には30回目となった。よく続けてくれた。県高文連新聞専門部・同新聞研究会の後輩教師たちと新聞部員、北日本新聞の理解と協力の賜と、心からの感謝の気持ちを捧げたい。

この『らいちょう』こそが、高校新聞界ソリューションの先兵となってくれたのだ。演劇、マーチング、美術など16部門が全国高文連に専門部として組織されているのに、新聞部顧問達は「全国高文連」の虚像を抱く人を中心に門を叩くことはおろか、その言葉さえ嫌う人もいた。

坂下は『らいちょう』発刊を機にその報告を全国高文連の研究大会（金沢）へ派遣された。『らいちょう』の発表の最後に「全国高校文化連盟に新聞専門部を作りませんか」と呼びかけた。全国高文連事務局長や先に組織化した専門部などとの懇親会で、「新聞専門部」も夢ではないと、確信していた。その後も多々の困難があったが、高文連新聞専門部組織化に達したのは『らいちょう』なくしてはあり得なか

北日本新聞　2022年（令和4年）11月13日　日曜日　（NIE）　8

らいちょう

富山県高文連新聞専門部

努力重ね　伝統繋《つな》ぐ

第34回県高校文化祭

64校2500人　成果披露

7部門　感性光る意欲作

郷土芸能　大きな拍手

新聞紙を利用し エコバッグ作り

繋がる伝統　煌めく躍動　広がる創造

エネルギー感じて

出演者の声

飛び続けて30回目となる北日本新聞版『らいちょう』＝2022年11月13日

った。高校新聞界の〝生徒を全校大会に〟と言う「課題」を「解決」に導いたのは『らいちょう』であった。

夏の『らいちょう』も飛び続ける

１９９２年の沖縄での全国高校総合文化祭の特派員派遣、北日本新聞での『らいちょう』速報発行は…コロナ禍があり、県高校新聞部の減少などもあり、形を変えながら、文化祭が終わって10日ほどで２日に分けて北日本新聞に掲載され続けている（２０２３年８月）。

第4部

課題　新聞部員には全国大会がない

全国新聞専門部は遠い夢!?

全国高文連には16の専門部があり多くの文化部がインターハイの運動部と同じように県代表を送っている。が、「新聞」は設置されていない。

「停滞なんものではない。昭和20、30年代に比べれば、大変な下降」と、大内文一新聞教育研究所長が述べている。「最近は一部の学校は発行回数も多くすばらしい新聞を作っているが、そうでない学校が増え、学校間格差がいっそう進んでいる」とも話される高校新聞の現状であった。

富山県の新聞部員を全国に送るだけでなく、全国的には停滞・衰退している新聞部活動を活性化するためにも、新聞に係わる生徒たちがお互いの活動を交流し、新聞活動に新しい面を開くため「全国新聞専門部が必要」と、働き掛けることを県の新聞部顧問たちで話し合った。

このため富山県の新聞専門部として本格的に動きはじめた（1993年）。しかし予期した以上の逆風というべきか、大きな批判を受けてしまった。

高文連新聞専門部は〝デメリットも？〟

「全国高校文化連盟に新聞専門部を」の仲間を増やそうと、坂下は大分県別府での新聞指導者研修会に臨み、その間に開かれる全国高校新聞指導者研究会（以下、全高新）総会で「全国高文連に新聞専門部を作る活動を進めるべきだ」という富山県としての意見を述べた。

しかし全体としての反応（賛成、反対とも）鈍い。中には、「必要性はわかるが、新聞専門部の活動を具体的に示してほしい」や「高文連に専門部を作るのはデメリットもあるのでは」「専門部ができれば、出張もしやすくなるかも。自分は母ちゃんの許可と、お金を貰って来ました」などの声があった。

「全国の新聞専門部について富山県がゴチャゴチャいうかもしれませんが、取り上げないで下さい」と全高新の事務局長が、別府大会の運営者に話していたことを後に、運営者（大分県新聞専門部長）から教えられた。彼はその後全国新聞専門部設立のよき理解者・協力者になってくれた。

全高新が組織されたのは１９８３年。北海道、東京、富山、大分など9都道県が加盟し、顧問の研修・交流を主な活動としていた。その全高新は、「各県で話し合ってほしい。来年の常任拡大理事会で話し合う」程度だった。むなしく富山に帰った坂下は間もなく、雑誌上で厳しく批判されることになった。

北海道のみならず全国の高校新聞界の大御所ともいえる武石先生が『新聞と教育』で「全国高文連加盟のメリットは財政的援助が受けられる、出張や参加がしやすい」とは「論外である」・・・などと。

次ページ以下のレポートは、武石先生への反論で、新聞専門部とは何なのか、の提案となった。

レポート　『新聞と教育』１９９３年春号より

生徒のためにこそ　新聞専門部設立を

＝武石氏の疑問に答えて＝

富山県高校文化連盟新聞専門部代表　坂下　富

〔1〕　はじめに

武石文人先生は本誌（『新聞と教育』93冬号北極星欄に「本当に生徒のためになるのか」の題で全国高文連新聞専門部会（以下、全文新）設立の動きにいち早く疑問を呈された。北極星を読むかぎり武石先生は、全文新の全体像をつかむことなく（本格的準備に入っていないので、だれ一人として全体像を持っていないと思うが）断片を取り上げ、しかも巨大な実践と経歴で高校新聞界に富士山のようにそびえる北海道の高い視点から論じられ過ぎていることが気になります。

高校新聞は、一部の地域や学校は別として全体的に停滞し、衰退へ向かっていると憂える関係者は少なくない。この新聞活動に新しい地平を開く視点とエネルギーをそそぐ一方法として「全国の新聞に携わる高校生が交流、連携できる組織と場面が必要であり、全国高文連に新聞専門部会の設立を」と訴える富山県高新研の立場から所見を述べたい。

〔2〕全国の高校新聞の状況

（1） 全高新（全国高校新聞教育研究会）

全高新が組織されたのは10年前の昭和58年。北海道、東京、神奈川、埼玉、滋賀、富山の6都道県が団体加盟。現在の加盟団体は9〔資料1〕。「主な仕事は、日本新聞協会と共催して学校新聞の指導者研修会を開くほか、機関紙の発行（略）各県に研究会組織を作るよう援助することが確認され」（『高校新聞とやま40年』）現在は、顧問の研修・交流を主な活動にしている。

〔資料1〕

都道府県の高校新聞組織

高文連組織	全高新加盟
北海道	北海道
秋田県	
岩手県	福島県
山形県	山形県
神奈川県	神奈川県
埼玉県	埼玉県
山梨県	東京都
新潟県	
富山県	富山県
石川県	滋賀県
鳥取県	
島根県	
大分県	大分県
長崎県	
三重県高新研	

（2） 都道府県高文連の新聞専門部

未組織5県にも高文連がつくられ全都道府県が揃い、文字通り「全国」高校文化連盟となったのが平成元年。14道県に新聞専門部会がある〔資料1〕。内、13道県に7月と12月にアンケートを求め、12月アンケートに10団体から回答を得た。文面から「全文新設立」に対する次の意見が把握のできた。

賛成7（内、歓迎・前向き3県）

慎重1（県高文連加盟が半数で全国コンクールの時に困る）

その他1（県内組織のことが先決で全国問題を考える余裕がない）
反対1（生徒の自主的活動の場になりにくい。他）

（3）　高校新聞の活動状況

新聞教育研究所長大内文一氏は「高校新聞の現状は停滞なんてものではない。昭和20、30年代に比べれば大変な下降ですよ。学校間格差は広がり、生徒は指示待ち型になりサークル化が進んでいる」と述べておられる。

先のアンケート回答に「部員不足で廃部になる高校も増えている」など、組織や活動の衰退に苦しんでいる県もあった。

富山県高新研会報に「部員確保に必死の毎日。新聞作りは面白いけど、人手が足りないし、予算が少ない。クラスの仕事は大変……胃の痛い日々」と女性教師。顧問の交代は毎年半数近くになる。部員や発行費用に悩み、九州の別府はおろか東京への新聞研修会〝出張〟などは管理職に言い出せないのが実態。

部（委員会など）の顧問として苦しみながらも交流できる顧問はまだしも、組織されていない顧問や部員が日本中の圧倒的多数派なのは論を待たない。そんな孤立している顧問たちのうめき声が聞こえませんか。

〔3〕武石・北海道への疑問と反論

（1）　武石先生へ

先生は7月アンケートの一部などを取り上げ、（a）～（d）のように書かれ、全文新設立の動きを批判されている。（　）記号は筆者付記。

（a）「1全国高文連加盟のメリットは財政的な援助が得られる。出張や参加がしやすい」とは「論外である」

（b）「2生徒参加の場が確保される」とあるが「どういう活動に（略）。都道府県で予選でもするのだろうか。とにかく大きな問題をはらんでいる」

（c）「3新聞部員には全国的な活動の場がない」というが「全国高校生新聞編集者会議は（略）15年の歴史を持って続いている（略）認識不足に驚く」

（d）「4全国高文連に新聞部会があれば、未組織の府県などでも組織化がしやすく、新聞部活動が活発化する」とは、「上からの新聞部創設が新聞活動の始動を促進し活発化するなどとは到底考えられない」

（a）について、「論外」と切り捨てられるが、北海道のある先生が別府で「母ちゃんの許可と、もちろんお金ももらって、この研修会に来ました」と話されたような、熱心で自己犠牲的な顧問ばかりではないことは、8月の研修会のメンバーが極めて固定的で、新顔で再参加する人の少なさが示していませんか。自己負担でやることが、先生のおっしゃる「安易な管理体制下に組みこまれない」ことなのか。学校新聞活動は〝公〟で、財政支出や出張の要請権は当然のこと。

（b）の「どんな活動？」は最後の〔資料2〕を参照下さい。予選や選抜は頭から「問題」なのか。大会という限られた場に人数制限は伴う。組織に力がついたら、全部員が負担なしで参加できる全国新聞大会でも開きたいですね。

（c）については、何年続こうが、団体にはそれぞれ目的と手法があるはず。編集者会議を「全国的活動の場」のように言われますが、参加校の固定化、人数の減少が目立つとも聞いています。立派な場でも集まれないのでは意義は乏しい。「まず現場を」「足で記事を書く」がジャーナリズムのはず。県でも全国レベルでもまず集まることから、生徒が気付き影響しあいそこから向上があるのでは。生徒参加の場の確保とその場の多様化こそ「民主主義」の基礎ではないですか。生徒参加の場の確保を全文新の大きな〝柱〟と考えます。

（d）のように断定されるが、反論は富山県の事例（4（1））などで後述。「最大の問題点は生徒たちの意見が全く反映されていないこと」として「福島県の生徒たちが高文連加盟を否決したことを想起する」とも書かれているが、7、8年前の1県の事例が、全国の生徒や顧問の現在と将来を呪縛するのですか。時代は変わり、高校新聞の状況も激変している。その変化と多くの体験やプロセスを土台にして、高校新聞の再構築を提案するのです。問題があるなら、「かつて北海道の新聞部員たちが高文連改革に努力した」（武石）ように、今の新聞部員にもそういうチャンスと場面を用意できませんか。

（2） 北海道の「反対」説へ

全文新に「（現時点では）反対」を表明した北海道高新研（高文連）は（b）～（d）に加え、「高校生の新聞活動の現状調査（略）、各県での高文連への加盟や活動の活発化をはかる」「全国高総祭（略）は生徒の自主的活動の場になりにくい」などの意見を表明している。

「高文連への加盟」をいうなら、まず〝全国〟をつくる声を大きくあげるべきではないか。「まず県の組織・活動」説はもう遅い。「県組織作りを援助する」全高新発足後の10年間の組織化は三重県のみ。決して関係者の怠慢ではない。作れるだけのエネルギーも手法も尽きかけていることにこそ、現在の高校新聞の危機があるのではないのですか。

「自主的活動」云々については後述。

〔4〕「全文新」設立へ向けて

(1)「新聞は高文連に入れない！」

コンクールと講習会、国際演劇祭速報などで長年の実績と組織力を持つ富山県高新研は、県高文連の発足（平成元年）に向け加盟を打診した。が「全国高文連に新聞がないから、新聞専門部をつくる予定はない」との回答。「文化部のひとつとして是非加盟」「生徒が高文連会費を払うのだから加盟は当然」と働き掛けを展開、専門部の末尾に「新聞」が入ったのは高文連誕生の間際だった。

新聞専門部は、県高文祭ニュース『らいちょう』の地元新聞でのカラー1ページ2日連続速報（『新聞と教育』93春号参照）などで〝県高文連の一翼を担う〟形で県高文連に影響力をもち、研究会への加盟は年々増加し、新聞発行校の90％以上が参加するまでに至った。これは県高文連に加盟したからではなく、新聞専門部として〝意味のある活動〟をしているからと分析している。

一方、総文祭（埼玉）へ特派員として派遣された部員は次のように発表をしめくくり、研修会に参加した部員たちの関心を呼んだ。

「総文祭では高校生のパワーと可能性がひしひしと伝わってきました。こんなすばらしい個性たちが光っていると思ったら、私自身もっといろんなことに挑戦したいという意欲がわき、私を奮いたたせました。学校新聞の記事は気軽に書いていましたが、北日本新聞に（翌朝）載るとなると、読む人の気持ちになってわかりやすく書くことの大切さを知り新聞をよく読むようになりました」

活動が県内にとどまり、例え県コンクールで優秀であっても全国大会に無縁であった。それが、取材という形にしろ〝全国〟の場へ出たことが、部員に大きな励みと喜び、そして成長の機会を与えたことは間違いない。

⑵なぜ高文連に新聞か

多チャンネルに　全高新があり、高校生編集者会議があり、県によっては研究会系、高文連系、そのドッキングがある。新聞の「下降」が目立ついま、新聞の団体が1つ増えてチャンネルが多くなって何の不思議があるのか。富山県の事例とは逆に「全国高文連に新聞専門部があるから、うちの県も」と上からでも下から？でも結成に動きやすくなることは想像に難くない。参加しやすい場面から活動し、それが新聞の動機づけ・発展につながるなら、「高校新聞のますますの発展を念って（念じて？祈って？）」おられる武石先生の心にそんなにそむくのでしょうか。

高文連は生徒のもの　総文祭などを「自主活動の場になりにくい」などとし「近づかない」「拒否する」のも一方法でしょう。しかし、現に参加している多くの専門部の生徒や教師はどうでもいいのか。課題があるなら新聞が参加して、生徒の目や感覚で気付かせ、実践させることが武石先生の「（新聞は）高校生の批判精神を育てるものであり、それは民主主義を支える基なのである」に合致し、高文連を生徒のものにするパワーにもなるのではないでしょうか。

顧問に連帯を、生徒に喜びを　〝新聞の使命と理想〟に燃える顧問、楽しんでいる顧問もいるが、〝胃の痛くなる〟顧問、孤立している顧問、〝新聞部臨終の幕〟を引かざるをえない顧問が確実に増えています。「出張・研修がしやすい」でも「上から」でも、下からでも横からでも、手を取りあうチャンネルを、場面をつくり、新聞のすそ野を広げることが急がれるのではないでしょうか。

顧問はもちろん部員にとって、校内で一番ストレスの多い部は新聞だと思う。原稿の執筆に苦しみ、締め切り、割りつけ、発行の時は喜び？もあるが、それ以上の大きな不安もある。各学年の１％程度の3～4名の部員が集まれば「御の字」嬉しい学校が多いのは、顧問や生徒の力量低下とそれ以上に、新聞活動にストレスが多く、楽しくないからではないか。昭和20、30年代の新聞部活動は意気上がり、楽しかったはず。「指示待ち型生徒の増加。サークル化」の現代新聞を活性化し、部員に活気と喜びと楽しさをもたらす手法を構築できないのか。

「民主主義の保証」「活動の保証」「自主性……」と声高に論議しているうち、「昔、〇〇高校に新聞部があった」という墓碑銘が立ち並び、何の主張をする手段もなくなり、〝保証の論議〟も必要なくなっていた、という悪夢を恐れるのは私だけだろうか。

⑶　全文新の活動は

全文新は「どんな活動ができるのか」との疑問や批判があるので、本来は準備会などでつくるべきだが〔資料2〕を提示する。

〔5〕おわりに………新しい地平を
富士山は見上げても、頂上から眺望しても美しく楽しい。その一方で、すそ野や普通の土地へ、時に

は過疎地へ視点と心を移動させ、そこの人たちと一緒に眺めたり考えてみたりできませんか。全国高文連新聞専門部会問題は緒についたばかりで、その形はおぼろに霞んでいます。固定的に観念的に捕らえていた地平線の向こうにまだ、新しい地平があるのではという柔軟な観点で、現代の生徒に必要な新聞とその手法を考究し、構築できませんか。

古武士のような風格のなかにやさしい目をした武石文人先生はじめ、北海道の諸先生の大きな意見に反論をするため、言葉が過ぎたところも多いと思いますが、ご容赦頂くことを念じつつ筆を置きます。

資料2　全国高文連新聞専門部活動計画（素案）

1．年間事業

（ア）加盟団体など相互の情報交換など

（イ）都道府県の求めによる研修会、編集講習会などへの助言者、講師の派遣

（ウ）全国の高校新聞の収集・分析、参考新聞の交換

（エ）編集体験文（事例）報告・交流

（オ）機関紙の発行

（カ）その他

2．全国総文祭

（1）参加生徒……加盟都道府県から2～5校（10人程度内）推薦と非加盟で申請校から選抜（暫定的に）……

「優良新聞部門」……水準以上の新聞制作の学校

（コンクールなど参考に）

「部活事例部門」……新聞制作、企画などで優良・努力の学校

（2）参加学校等の新聞の展示

（3）新聞の合評会……グループで発表と合評を行い「優秀」「努力」など推薦

（4）研究発表……新聞制作、企画・特集などで事例報告と討論。

（5）総文祭会場の見学と取材・その他報告会

（6）取材支援センターの設置……県会報や各地元新聞掲載などへの取材を支援

（7）その他

『全国総文祭ニュース』の発行（8月実施の文化祭を8月中旬までに全国の高校生に配布できないか）

3．その他　海外高校新聞との交流・派遣

◇全国高文連新聞専門部設立◇

全高新の同意に苦心

『新聞と教育』は「特集＝全文新設立の是非を問う」を組み、三村先生（福島県）の反論「坂下氏の提案に異議あり」も、拙文に続いて長文が載せられていた。三村先生の意見は「高文連の成立過程と運営の現状からみて、官制組織であることは明白であり、自主・公開・民主の運営原則が貫かれているかどうか。福島県の経験からしてはなはだ疑問である」などと、新聞の高文連加盟を「新聞の〝自殺行為〟になりかねない」と富山県＝坂下提案を厳しく批判された。

『新聞と教育』には〝高文連新聞問題〟が取り上げられ、発行者の大内文一氏は〝高文連新聞専門部支持〟を明確にされ始めた。

武石先生への拙文に対して、武石先生や北海道からの反論や反応はなかった。しかし、北海道をある意味で正面から批判した私は、組織のある県などにアンケートして、資料を集め、全国高文連にも「新聞専門部」のことを打診した。全国高文連事務局は、全国の過半数に組織があること、他の類似の団体がある場合はその団体の了解が必要、との回答であった。このため、全高新に対して「全国高文連新聞専門部」の設置についての同意を求めた。全高新は94年11月の拡大常任理事会での徹夜に近い討議でしぶしぶながら「設立同意」の見解をまとめ、これは翌95年8月の総会で了承された。

22年遅れての全国高文祭参加（札幌で新聞専門部設立大会）
挨拶する上坂会長＝富山県

全国高文連新聞専門部設立協議会を開催、15の新聞専門部設置道県中10道県が出席、3県が委任。「設立準備会」とし幹事、事務局などを決定。「会則案」「活動計画案」を了承して閉会した（95年2月、東京）。同年11月「新聞専門部設置」を設立準備会から全国高文連会長に申請。96年2月に全国高文連理事会で、5月に同評議員会でそれぞれ了承され、新聞専門部として活動することになった。

会則・組織・北海道で決定

2年後からの「新聞部門」の正式の活動開始まで待つことができないので、「設立大会」と銘打って全国高校総合文化祭北海道大会にあわせて、独自に新聞部門を開催した。新聞専門部を組織する15道県のうち14道県（内委任3県）から顧問・生徒らも予想を超える人数が参加。拡大理事会（8月5日と7日、札幌チサンホテル）で規約や組織、活動計画などを決めた。6日の開会式には全国高文連会長も出席、華やかな会となった。参加生徒は総合開会式や北海道新聞専門部の速報発行を見学したり、バーベキューも楽しんだ。

「設立大会」では会則を制定し翌6日からの施行を決め、今後の取り組みなどについて協議した。また以下の役員が選任され、任期は平成9年度末までの2年間。

部会長＝上坂泰久（富山県二上工業高校長）／副部会長＝安藤利勝（岩手県盛岡北高校長）／常任理事＝加藤定明（北海道）、清田徹（岩手県）、坂本秀一（埼玉県）、戸田通昭（鳥取県）、宮瀬雅士（大分県）／理事＝道県各一名（略）／事務局長＝坂下富（富山県富山国際大学付属高）

「早く全国大会を」の声

「新聞専門部はどんな方法で全国高総文祭に参加したらいいのか…」が、設立大会の大きな目的であった。正式の参加は2年後の鳥取大会からとされていたが、協議会での生徒討議や理事会での各県の意見で「平成9年の奈良大会も参加出来ないのか」「北海道で燃え始めた火を消してはならない」などの声が高まった。新聞事務局は、奈良県の新聞部顧問（専門部はまだ組織されていない）や実行委員会、全国高文連と協議して出来るものから実施するよう要望することになった。

誕生したばかりで、課題が山積みの〝新専〟。まず全国の新聞専門部（未組織の高校新聞を含む）を結び、日常活動を活発にできるよう会報『しんせん』の定期的発行、各高校新聞の交換と年間紙面審査賞を大きな柱にしたいと考えた。

一方では、8月の全国総合文化祭により多くの新聞部員が集まり、相互の活動成果を発表して交流することも推し進めたい。このため、設立して2年後の鳥取大会からの全国総合文化祭参加では遅いので、奈良大会から参加できるよう、各方面と協議し準備を進めた。

奈良大会の中心を何にするか検討する理事会で、班ごとに新聞を作る意見が出され、これが現在も続いている〝交流新聞作り〟に発展している。

「新聞は総文祭で何をする」‥‥展示？ステージ

奈良総文祭（非公式参加）での新聞大会へ向けその前年、代表者会合を開いた。参加者から「新聞は、演劇や音楽部門のようなステージ発表や研究発表するのか、書道・美術のように展示をするのか」との疑問が出され、会議は滞った。

富山県の宿泊研修での「班別新聞づくり」を思い出した坂下の提案をもとに、異なる学校出身者の班で「交流新聞」を作ることが決まった。

奈良市内のユースホステルを会場に新聞大会を開き、記念講演、交流新聞づくり、展示を実践した。総文祭や東大寺などを取材を盛り込み完成した交流新聞は、生徒・顧問が「コピーして持ち帰りたい」との要望があり、急きょ地元の高校の理解を得て印刷し、全参加者に配布した。以後、交流新聞づくりは、新聞部門のメイン行事となった。　【『未来につなぐ』全国新聞専門部20年の歩みより】

全国新聞専門部の進化・発展

事務局長9年　坂下の願い

新聞専門部発足時点で14道県の組織がありながら全国組織へ加盟しない所もあり、全国高校新聞研究会（全高新）との関係も何とかしたかった。

全国高文連事務局（岩手県盛岡市）と設立への協議をする間、事務局は意外と坂下・新聞専門部の意見を受け入れてくれる柔軟さを感じた。

最大の成果は「年間紙面審査賞」問題。全国高文連事務局は、はじめ民間の研究所の賞をなぜ、と疑問視していたが、さらに新聞専門部非加盟都道府県（以下、県）でも応募可、入賞して当該県が承認すれば全国総文祭参加可、しかも各県派遣枠数以外として各校3人まで認める、との了解を得た。この賞の創設で全国の新聞部の関心が高まり、しかも加盟拒否県のある学校が入賞し、全国総文祭に参加してそのことが刺激となって、非加盟から加盟へ、新規加盟県も現れた。

全国高文連理事会で「広報費100万円」の予算案を見つけ、使う予定がない事を確かめ「総合文化祭ニュース」発行を提案。ほぼ無条件で了承され、静岡県新聞専門部に制作を依頼、福岡大会で第1号を発行。

全高新は日本新聞協会とともに夏休み初期に〝指導者講習会〟を開いてきたが、全国総合文化祭と開催時期が近く、新聞部顧問の多くは参加しにくい状況だった。「体育の日」が10月の第3月曜になることを知り、全高新に以下のことを提案。

夏休み初期の講習会を10月の体育の日休暇期間に移し、全国総合文化祭の次年度開催県で開く。地元県は全国から集まる参加者と交流出来、総合文化祭のノウハウも得られる。全高新は地元教師など一定数の参加者を得られる。この後両者の理解が進み、講習会は後に全高新と新聞専門部との共催式になっている。

新聞のことは新聞で‥新聞専門部のパフォーマンスと広報は新聞が一番。総合文化祭のメインテーマは「交流新聞づくり」広報は『しんせん』を毎年2回発行、そして『そうぶんニュース』発行に努めた。

5kg入り「こだわりの舞」コメ袋と通販向けの箱

第5部　**課題**　「いつまでも木こりで良いのか、佐原さん」

▽寄稿　「木こりから氷見市一のコメ作りへ」

第6部　**課題**　うまいコメを消費者に

第7部　**課題**　『コメの王様　中山間地米』出版

冬、たぬき鍋つついて冬眠状態

第8部　**課題**　加賀藩献上田に学べ

▽うまいコメの秘訣　サハラY式栽培

第9部　**課題**　天水草木昆虫の塔・寺の格天井を造る

課題解決　ほんものの農民と共働の章

第5部　課題「いつまでも木こりで良いのか、佐原さん」

寄稿　『氷見春秋』82号より

木こりから氷見市一のコメ作りへ

＝「うまいコメを消費者に」佐原裕の生き方

坂下　富

▽佐原裕（サハラユタカ、以下佐原）は坂下富とは10歳違いの青年団時代からの先輩で、すぐ近所に住む専業農家。宅急便を取り扱う店先へ佐原が来て「中核農家に集まってもらってコメの通信販売を考えているので家へ来てくれんケ」と誘われたのは1985（平7）年2月だった。この日から佐原と坂下の交わりは飛躍的に深まり、非農家・教員の坂下が「コメ問題」に深く関わることになった。

▽「佐原Y式うまいコメ作り」は佐原からの聞き取りを坂下がまとめた。

佐原の人生に大きな転機を与えてくれたのは、石川県志雄町の製材所の老主人、田村さんでした。

あるとき田村さんが「佐原さんや、どんな職業にも寿命というもんがあるが、考えたことあるか」と言います。その頃、オラ自身、人の育てた木を切り出す仕事に少しイヤ気がさしていましたが、それとなく伝わったのか、偶然だったのか、「いつまでも木こりでいいのか」と問いかけるのです。「田んぼを広げて百姓だけでやってみたい」とオラは思わず言っていました。それまで漠然としていた、ある山間地の田んぼのことが閃いたのです。

◇

佐原裕は、木こり仕事中に能登の谷間でうまいコメの田を見つけ、そのうまさを他の田にも広げ、5反足らずだった田を14町歩（14 ha）ほども耕作することになった。能登から離れた氷見市日詰で作ったコメが10を超えるサンプル中「うまさ一番」と氷見農業改良普及センターで25人全員から評価された（２００２・平成14年秋）。25人はセンター所長や職員、中核農家等で、生産量・味ともに「氷見一番」になっていた。

その翌年に料理人、平野寿将氏がテレビ朝日の取材で佐原宅を訪問、放映。別の日の富山市での講演会で「富山県氷見に日本一おいしいコメがある」と話したことを坂下の同僚の母が聞いた他、農協の人から佐原が「日本一のコメやそうな」と冷やかされた。また平野氏は自分の店で佐原のコメを客に出し「ひみの舞を土鍋で炊くと薄むらさき色がついているかのように飯立ちもいい。天然塩を添え酒の肴にもいい（以下略）」と評された。

平成のコメ大凶作を契機に「食管法違反でも消費者に届ける」と佐原は都市部への通販に乗り出していた。

佐原のコメ作りと生き方の一端を皆さんに伝えることが出来れば幸いである。

加賀藩献上田と遭遇

分家した父親を早くに亡くした佐原は、自分の田を耕すだけでなく、頼まれて他家の田を耕し、仲間と連れだって愛知用水工事の出稼ぎに行ったこともあった。正確に立木を倒す技術や発動機などを使った運搬が評価されて木こり仕事が忙しく、羽咋神社の伐ることが難しい木や大規模な山林の伐採もやった。

能登国羽咋郡のかつての十村（他では大庄屋）岡部家の依頼で佐原は山の木を伐り、木の切り口が白いことに気づいた。その山の麓の田に興味を抱き、土を調べ舐めても見た。農家からコメを分けてもらった。山間の狭い谷の田はかつての加賀藩に「御台所

かつての加賀藩献上田の池＝宝達志水町

米」として特別に納められた「献上田」だった。昭和50年代といえば藩もなくなって久しく、その田のことはほとんど人々から忘れ去られていた。佐原は「献上田」とは知らないままに荒廃化しつつあった田を買い始めた。氷見市農協の積良組合長の理解と支援で田を広げた頃、田を売りに来る農家もあり、そこがかつて加賀藩の献上田であったことを地元民から知らされた。

木こりから本格的コメ作りへの転身の陰には「佐原さんや、木挽きはいつまでもやる仕事じゃないぞ」という長老の言葉もあった。

佐原から「中核農家に集まってもらってコメの通信販売を考えているので家へ来てくれんケ」と誘われたのは平成7年2月だった。この日から佐原と坂下の交わりは飛躍的に深まり、坂下は「コメ問題」に深く首を突っ込むことになった。

献上田から学んだこと

うまく粘りのあるコメ

佐原は献上田（お台所米）のご飯の粘り、うまみ、後味のよさに気づいた。なぜ他の田のコメと違うのか、献上田でコメを作りながらその理由を考えていた。第一に土、第二に地形・気候の違いに気づき、それに独自のコメ作りの工夫を加味して、献上田以外でもうまいコメを作ることに取り組んだ。

硬くて小粒なコメ

佐原のコメを手にした東京の米屋が、コメを輪島塗の盆に落として「硬いコメで、しかも粒が小さい」と話したことを伝え聞いた佐原は、硬いこと小粒なことをこのとき初めて知った。苗数を少なく、肥料は八分目にして小粒なコメにこだわっている。

コメ業界、農協ではより大粒のコメ作りを競い合う時代で、食味計で測ると、8サンプル中佐原のコメは4位、魚沼は6位、岩船は7位と低い評価を受けた（富山県・平成7年度資料）。1位は長野佐久。富山県が東京で手に入れたサンプル玄米は1・85ミリで「屑米」を計測し、佐原は1・8ミリで出荷し屑米は4・3％、魚沼はなんと6・2％の屑米で6位。

〃食味〃といいながらより粒の大きいコメを高く評価し、太ったコメに大きな比重を置く食味計を、坂下がうまさの要素の蛋白・脂肪酸・アミロースや千粒重等にも配慮した評価をしたら、①佐原②福島（浪江）③長野（佐久）④魚沼⑤岩船⑥新潟⑦石川⑧福井の順となった。詳しくは『コメの王様』（桂書房版か22世紀アート電子版）参照。

溝切り機の実演をする佐原裕

農政への疑問「食管法違反でも」と全国通販

経営の拡大

家から離れた献上田とその周辺の土地を少しずつ手に入れ、母親と奥さんとの３人で限界まで広げ、田は７町歩（７ha）、請負耕作も最大のときはほぼ７町歩になっていた。トラクターやコンバインが広まり始めたことに加え、佐原が機械や金属加工に滅法強くほとんどの修理は自前でこなすことができたことも大規模耕作を可能にしていた。

ロータリー式の溝切り機等３件の特許や２件の商標登録も取得している。

コメの流通はブラックボックス

人気の高い新潟コシヒカリは生産量30万トンなのに流通量は60万トン、その秘密は他の産地米のブレンド。富山産米は他のコメのブレンドに使われていることを京都の米問屋等で知った佐原は、努力してうまいコメを作っても評価されず、価格は低いままの現実を痛感し腹も立った。

市や農協関係の会合で、氷見のコメの評価を高めよう、氷見ブランドを作ろうと訴えてもほとんど相手にされず、聞く耳なし。平成５年は大凶作で外国米を積んだ〝黒船〟が来て、細川首相が「コメの自由化」を発表、翌６年は豊作。

「違反でも売ります」

平成7年10月ＮＨＫが取材に来た。富山市の仲間の販売店で「特栽米」や「有機米」でもないのに一般に売ってもいいのかと聞かれ、カメラに向かって「オラのコメの原価は1俵1万4千円以上なのに、政府買上げ価格は1万6千円余り、法律を守って死ぬか、反抗して生き延びて世の中のために働くのか。違反でも売ります」と言った。中部全域で放送されたが、「違反でも売ります」は放送されなかった。

この年1月に氷見市の専業農家7人に集まってもらいおむすび会を立ち上げ、「こだわりの舞」「ひみの舞」のブランドで全国へ向け通信販売をすることを決め開始していた。

独自の販売戦術「肥やしを撒く」佐原流

とにかく都会それも東京・大阪の消費者に知ってもらおうと佐原は「ただのチラシではダメ、希望者に送料だけ負担してもらい3kgのコメを食べてもらう。負担は重いが肥やしを撒かないとダメや、うまければ客はある」と言う。東京のどの地域へどれだけチラシを配るか、どんなキャッチコピー・文面か坂下に任され、いろいろ悩んだが第1回は3千枚のチラシに300近い応募があり、その中には今でも続いているお客さんがいる。お客さんに毎年1・5kgの新米を贈っている。

第6部　**課題**　うまいコメを消費者に

ほんものの農民

「ほんものの農民」は佐原裕に対するＮＨＫ解説委員・加倉井弘氏の表現である。『コメの王様／中山間地米』（１９９６年刊）の巻頭言を依頼すると、ゲラ刷りの本を読まれた加倉井さんから早々と「ほんものの農民の知恵」と題する稿が届いた。以下にその一部を紹介する。

「佐原さんと坂下さんが協力して書いてくれたコメの本には現場の人間にしかできない楽しく為になる発想がいっぱい詰まっている。読み出したら止まらない面白さである。（略）この本は、コメ作り農民の優れた知恵を一般の人々に興味深く教えてくれている」

田んぼの哲学者そして楽しませる人

坂下は誰にも言わないが、佐原のことを〝田んぼの哲学者〟と名付けている。若い頃からの農作業や木こり仕事で筋骨たくましく、普通の人より背丈、体重とも一回り大きい佐原に〝哲学者〟は一見、似合わない。が、実によく考える人、深く物事を考える人である。聞くと仕事中の田んぼでも、朝早く目覚める寝床でも考えるという。佐原の家を訪ねたりするとそのことを、聞かせるでもなく（聞いてほしい?）、坂下には珍しい話題が多く、為になることも納得することも多々。坂下が提唱して始まった寺の天井工事などはほんものの大工でも経験がない人が多いはず。工事のリーダーになった佐原は他の寺の見学などして持ち前の深く考える力で、素人の門徒ボランティアを率いて完成させた。考える人、佐原から聞いた事例と行動のいくつかを要点を絞って紹介する。

▽人は死んだらどこへ行く…定年になって間もないXさんが「おれはもっといい家に生まれたかった」と会うたび毎に話すので、佐原は「人間は死んだらガスになるから生まれ変わらんと思う」と言う。そのXさんが病院から電話してきた。病院へ行くと開口一番「おれは分かった。おれは死んだら動物の〝動〟がなくなり〝物〟になるがや」と言い、同意を求めてきた。

「物になり、無数のガスになって風に乗り地球中に散らばって行くんや」と佐原は語り、Xさんは口癖の「生まれ変わり」願望を語らず「物になる」と穏やかに語った。その3日後に亡くなった。

▽オラは、何で田んぼを作る…生活のためであっても、何でこんな暑い日に田んぼ作るのか、迷いと疑問のなか、自分が作るコメは天水草木昆虫に依っていることに気づかされた。天は太陽、水は太陽の力で蒸発した水、それらのおかげで草木が育ち、昆虫も草木の成長・繁殖に力を貸し、その草木を人

間も動物も食し命を繋いでいる。

天水草木昆虫の塔建立…思い立って近くの山に塔を建立したのが1998年。天水草木昆虫の文字の横に「感謝がなければ幸もない」を刻んだ。＝第9部参照＝

▽バチ（罰）が当たる、逆縁の菩薩…「神罰・仏罰」という言葉があり、「コメを粗末にすると目がつぶれるぞ」など「罰が当たる」は多くの人の心にある自戒の言葉。「目がつぶれる」は単に目が見えなくなる以上に、死んでしまうこと意味するのではないかと気づいたのは50歳を過ぎた頃か。佐原は坊さんやいろんな人に聞いて考えた。

良くないことを、人の道に外れたことをすれば自分の心に迷いや悔いが生じ、仕事や周囲の人とのズレが始まり、行き詰まって生活が破綻し死に至る。そんな戒めを「罰が当たる」「神や仏が見ているぞ」言葉に込めたのではないか。

「逆縁の菩薩」の言葉を教えてくれたとしおさんは佐原の大先輩で、ある人があまりにも主張し周囲と合わないことがあり、としおさんが嘆いたのだ。菩薩は悟りを求め修行する人、「逆縁」が分からないので佐原は聞いた。「初め仏教を批判・反発したが、仏教を信心した菩薩の意味。良くない行為をああってはいけない、と教えてくれるのが逆縁の菩薩。今なら反面教師」ととしおさん。

良いことを他人に教えるのも人、悪いことを教えるのも人なのだ。

▽心に残る人…話をしたり聞くのが好きで、いろんな人に出会った。Wさんはコメ作りを中心に多くの人を雇用し、大規模営農を切り盛りしてきたが病に倒れた。見舞いに訪れると「人に求められる仕事をしてきて良かった。満足」と明るく話してくれた。

「1勝もできなかった3年間だったが、それを思えば何でもできる」と、話してくれたのは大相撲に入門したが夢破れて帰郷し、苦心の末事業を興したYさん。

「上を見ればキリがない。下を見ればキリがない」を紙に書いて貼り、家族にも教えた、とTさん。家族の1人が重い病に倒れ長く入院しているTさんは、「どうしてこんな目に遭うのか」と嘆いていた。

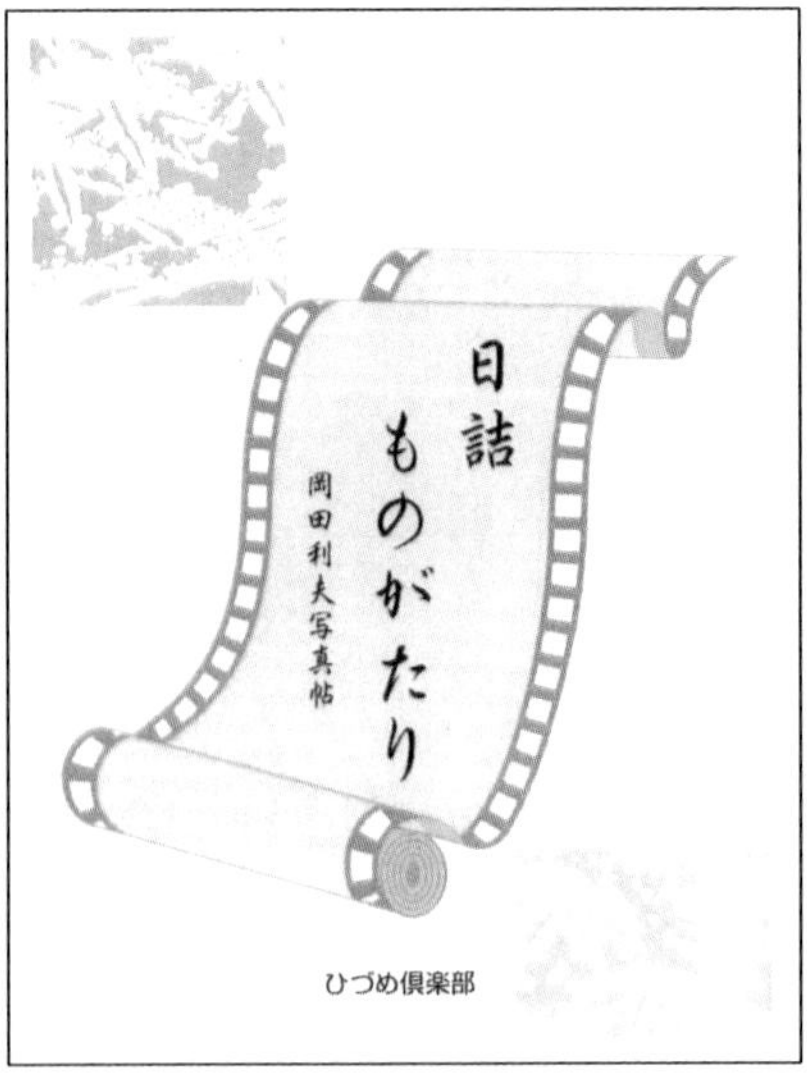

日詰のさまざまな物語を

綴るオールカラーの写真帖

佐原が「いろんな家族がある。上を見たらもっと上があるし、逆に下をみればどうヤ」と問いかけ、そのことをTさんは紙に書いて掲示し、家族に問いかけ説明したという。

▽坂下のすぐ近所に住む岡田利夫さんは「としおさん」と呼ばれ、多くの人から親しまれる大正10年生まれ。獅子舞、特に天狗と太鼓の名手で、謡曲にも造形が深く、ドライブや観光も楽しむ。

多くの趣味のひとつが写真撮影。何事にも凝り性のとしおさんのアルバム内容は多岐にわたり、集落の行事や出来事だけでも千枚を超えるものが整然とファイルされている。日誌にあったさまざまな物語を、後の時代にいくらかでも伝えることはできないか。

佐原がアルバムを持って坂下を訪れ、やがて編集・坂下、費用・佐原でオールカラー全32ページの『日誌ものがたり』を制作。日誌全戸と関係者に配布した。

▽寒ブナや鯉がうまいのだ、という声が上がり、集落の大きいため池に幼魚を放した。が、そこは餌の水草などが乏しく育ちにくい。養魚組合を引き継いだ坂下に佐原が、自分の精米したヌカをネットに入れて与えることを勧めてくれた。また佐原は漁港の漁師から払い下げてもらった古い網を使って鯉や鮒を仲間とともに捕る技を実践し、この魚は水槽に貯留し、集落の総会・老人会などの飲み会などには佐原など数人で料理して振る舞っている。

花見をしようと、笹の子を採り塩茹でして酒の肴にする。山の木陰に仕込んだ天然種の平茸鍋を催す。本人はあまり酒は飲めないのに、仲間を楽しませ、自分もそれを楽しむ人、仕事も楽しみも工夫と知恵を惜しみなく出すのが佐原だ。

第７部　課題　『コメの王様　中山間地米』出版

坂下のすぐ近く佐原裕さんが住んでいる。その佐原さんが坂下を訪ねてきて「今、中核農会に集まってもらい、コメの通信販売の相談をしたいので、来てくれんケ」と声をかけられた。坂下商店の宅急便の取り扱いをしている関係で坂下はその会に顔を出した。田舎暮らしながら、コメの門外漢だった坂下がコメ問題に深く首を突っ込むきっかけとなった。

通信販売にとどまらず、販売用の紙ボックスから新聞折り込み用のチラシ作成・配布先選定や印刷所や新聞社との交渉も行った。実際の注文のはがきやＦＡＸ・電話の対応は坂下の妻が担当し、宅急便伝票作成・送り状作成等を行った。

通販が始まって間もなく、佐原から「オラのコメのことを消費者に知ってもらいたいのでパンフレットをつくってくれんケ」といわれた。パンフどころか単行本になると思ったのは、佐原の人となり、独特のコメ作り、集落のようすも加えたいと考え、夏休み終わり頃に書き始め、やがて共著『コメの王様中山間地米』上梓（１９９６年桂書房版）。その本を国立国会図書館で見つけた22世紀アート社の勧めで２０２１年には「加賀藩献上田に学ぶ」などを増補した電子版を発刊した。アマゾンなどで「坂下、コメの王様」と入力すれば1冊からでも注文できる。

なお、増補版は、２０２２年11月第25回日本自費出版文化賞に入選している。それら全99話の中の一部と「あとがき」を以下に紹介する。

《6》　農協倉庫をひっくり返す米穀会社

ある時「氷見米穀のコメはおいしい言うて、高岡や富山からも買いにくる」という評判を聞きました。その時は、米屋のコメにそんな差が出るわけがない、氷見がいくらいいコメを作るコメどころでも、と思っていました。その後、農協の職員から「氷見米穀は、農協倉庫へ来たらそりゃひどいもんや。（玄米の）袋を一つ一つひっくり返して、作った農家の住所と名前を確認して買っていくんや。次の時は別の山を同じようにひっくり返していく」と聞いて納得がいきました。

佐原と坂下が共働で書き上げた
『コメの王様』＝桂書房版

その米穀会社は、山間地の農協支所に持ち込まれたコメの生産者の名前まで確認して、政府米の場合は一俵（玄米六十キロ）を一万六千円程度で買い上げるわけです。これなら、氷見米穀株式会社のコメは、ふつうの米屋のコメより評判が良いのは当たり前でしょう。

高さ五メートルものコメの山からコメの産地どころか、個々の農家のよいコメを選りすぐる米穀会社、それを監督している（眺めている）だけで、一等米は何円、二等米は何円としか扱わない農協。コメの管理団体としてあぐらをかいている農協（ＪＡ）と株式会社との意欲の違いを発見しただけでなく、生産者個々のコメにかなりの差があることを改めて教えられました。

《61》　コシヒカリはコメの中の米

コメといえば「コシヒカリ」と言われるほど、コシは超人気のブランドになっています。同じ価格ならもちろん、かなり高くてもコシに手を出す消費者がほとんどでしょう。

コシは福井県で生まれましたが、その母となったのが、富山県出身の稲塚権次郎博士が生み出した農林一号です。当初、コシは人気がありませんでした。オラも昭和四十五年頃に作ってみました。周囲で作る人はほとんどいません。コシは「かやる稲」(倒れて刈り取りしにくい稲）で農家には不人気でした。当時は日本晴、山陰17号のほか早生の農林1号、豊年早生、越路早生が主流でした。宮城や山形のササニシキの人気が高くて羨ましい気持ちがありました。

その内に、新潟県のコシの人気が高まりました。新潟の粘土質の土に適合して、あまり肥料を吸収しないためか、草丈が長くならず、倒れない栽培が可能だったのです。その後栽培方法の研究も進み、現在ではタイやアメリカ、オーストラリアなどでも広く栽培されています。それらはほとんど全て日本人向けです。日本人にとってコシは、コメの中のコメであり、コメの王様といって過言でないでしょう。

コシは、草丈が大きくなると倒れるという弱点と、他のコメより収穫量が少ないという欠点を持つ厄介ものですが、病気には強く、食べればおいしく、消費者の人気も抜群というコメです。もし、コシが存在しなかったら、日本人のコメ離れはもっと進み、消費量は今よりもっと少なくなっていたはずです。

「神様、仏様」と言いますが、中山間地でコシを作るものにとって「コシは神様、王様」だとオラは思います。越前・越中・越後など北陸「越の国」に光をもたらすという意味の「コシヒカリ」は、北陸だけでなく、日本中のコメを作る者に光をもたらし、おいしいコメとして消費者の皆さんにも喜びをもたらしました。

ここで一つ言いたいのは、日本中、世界中どこでも誰でもコシを作れるかというと、それは違う、ということです。平野部の田んぼ、粘土質でなく砂が多い田んぼ、収穫期に気温が下がらない温暖な地域の田んぼでは、コシの本当の食味は出ません。気候や粘土質に恵まれたオラの越の国でもコシを作らない人がいます。コメ作りの時間が自由にならない兼業農家などでは、収穫時期が少し遅くて秋雨に出会うことが多く、収穫日が自由にならないのを嫌って「コシは作らん」と言うのです。

コシは誕生してすでに三十年たちますが、これに代わる品種は当分出ないと思います。

《70》　冬、たぬき鍋つついて冬眠状態

収穫が終わった後のオラは、農業団体などの会合や研修会がなければ、失業者みたいに毎日ブラブラしています。近頃は、コメの通信販売があるので午前中に精米・出荷をやりますが、あとはブラブラ。かあちゃん（妻）は、働き者でじっとしておれない性(たち)なので畑仕事などを見つけては働いています。息子は農繁期以外は、本業の建築関係の仕事に行ってしまいます。退屈な留守番をしながら、村のあっちの家、こっちの家へ上がって話したり、家へ人を呼んで「むじな鍋」を催すこともしばしばです。

むじなは穴に住んでいて、タヌキ（狸）が正しい呼び名のようですが、捕って食べることからオラの地方では「むじな」と呼びます。最近は数が増えて山だけではなく、家の近くでもよく見かけます。夏は畑の芋や作物、虫などいろんな物を食べてころころに太って、足が見えず腹が地面にすれるほど。それが冬になるとやせてスマートになり、犬と間違うほどです。そんな冬のむじなが漁師に鉄砲で撃たれたり、罠にかかって仕留められます。それを年に何匹となくもらうので、冷凍しておきます。

夏の疲れが溜まった頃、解凍したむじなの肉を焼いたりして食べると元気が回復する気がし、冬には鍋にしてごぼう（牛蒡）やねぎと炊くとじつにうまくて精もつきます。何しろ、むじなの油は他のものと違い、寒い所においても固まらないのです。その毛皮は温かいので、冬はいつも背中に着て重宝しています。

むじなに似たものにアナグマがいます。これは柿など植物しか食べず冬眠をするし、むじなより格段にうまいものです。でも、なかなか手に入りません。むじなは冬眠せず、エサを求めて歩き回り、そのおいしさを知っている人間に狙われてしまいます。

山の溜池で育てた鯉(こい)とフナを捕えて、村のみんなが集って小宴を開くことも何度かあります。春から夏にヌカ（糠）をエサにしたら、よく太ってうまく、「日詰地区の名物にして売り出すか」という声も聞かれるほどの冬の楽しみもあります。

オラはコメ専業農家なのでヒマで、ほとんど冬眠状態になりながら、時どき民宿へ行って温泉に入ったり、うまいものを食べたりします。冬はそんなふうに過ぎていきます。

《71》　〔春〕こぶしの花を見て苗の準備

平成五年の初夏、田植えが終わって一カ月以上たつのに、低温で雨が異常に降り続きました。稲はオラがそれまで経験したことのないほど生育不良です。これはおかしいと思った時、ハリヤマのおっさんのことが突然に頭に思い浮かびました。

ハリヤマのおっさんは、オラの田んぼの休憩小屋によく遊びにくる人で、酒が大好きでそれを目当てにやって来るようでした。そのおっさんが「越中のとうちゃん（オラのこと）や、こぶし（辛夷）の花が、枝が見えんほどいっぱい咲く時は気つけんなんゾ。ひどい飢饉で人がいっぱい死ぬさかいにわらびでも、たけのこ（筍）でも、何でも食べてコメは食わんと最後まで残しておかんなんゾ」と、ほとんど会うたびに言うのです。農作業は一人前にはできるのですが、自分の家の電話番号などを覚えるのはちょっと難しいらしく、軽度の知的障害がある人でした。憎めない人でしたが、何年か前に亡くなっています。

おっさんのことを急に思いだしたのは、これはもしかしたらほんとに飢饉になるなと考えたからです。

枝が見えないほどに咲く
こぶし（辛夷）2023年春＝日詰

農協支所を何軒か尋ね回り、普段は使わないがコシの弱点であるイモチの予防薬を確保し、低温＝冷害に備えて半信半疑ながら散布しました。この年、全国の作況指数は七十ほどの大不作でした。オラの田んぼは、ほとんど影響がなく、平年作をほぼ確保できました。この年は平成の米騒動がおこり、外国米がどっと入ったが不評だったことは記憶に新しいところです。江戸時代なら技術や農薬が未発達で、しかも外国から食物も入りませんから、ハリヤマのおっさんが言ったように「人がいっぱい死ぬ」ことになったことでしょう。

それ以来、こぶしの花の咲き方がとても気になります。平成七年の三月から四月も、平成五年ほどではありませんが、こぶしがいっぱい咲きました。雨がよく降り、気温も低いため苗に元気がありません。「もしかしたら」と思い警戒しました。ところが、七月二十日過ぎに、それこそ突然に真っ青な青空が現れて、梅雨あけ宣言。夏の強い日差しが続いて、平年作を回復したのです。

三月の末から四月に山に咲くこぶしが、どうして春から秋の気候を見通すことが出来るのかよくわかりませんが、ハリヤマのおっさんに繰り返し教えたその親か祖父母のことを思い、昔の人の知恵や観察力も大したものだと感心させられます。

苗床の準備はまず、二トンダンプで十回ほど土を買いに行きます。その代金が約四十万円。ただの土ならその十分の一ほどです。ここで粒子や酸性度の調整の不十分な土を使うと、苗の生育に大きな悪影響を受けるので、無駄に見えても四十万円が必要なのです。こんな目に見えない所にも経費がかかります。オラの苗床は、他の農家と違い、水中で大きく育てます。

《99》　坂下富の「オラ思うがヤけど」

「消費者にコメのことをもっと知ってもらいたい。それには、なんかパンフレットでも書いてくれんケ」と佐原さんが私（坂下）に言ったことが、この本が生まれるきっかけでした。コメの保管と炊き方、コメの虫のこと、できれば作る側の農家の苦労も少しは伝えたい。そして薄いパンフでは消費者の方が捨てるかも知れんから、「本の方が良いかも知れん」と言うのが佐原さんの希望でした。

「パンフレットどころか、そこそこの本にでもなるから書いてみますか」と答えたのは二、三日後に会ったときでした。佐原さんの日ごろのコメ作りのようすはもちろん、コメへの思い入れ、さらにはご本人の生活のようすや口癖まで、私なりにいろいろ思い浮かぶことがあるので、書けそうだと思えたからです。

私は高校で地歴・公民（特に歴史）を教える教員です。その夏休みが間もなく終わろうとする八月も末でした。その時は、「夏休み中にメドを立てて」といくらか軽く考えていました。新聞部の指導を十年以上していますから、生徒の原稿の指導の経験もかなりあります。コメを送っている消費者の方に限定した「本」と考え、広く一般読者の目に触れる「本」は予想もしていませんでした。

佐原さんに、今から氷見市の中核農家に集まってもらって相談することがあるから来てもらえないか、と誘われたのが平成七年の二月でした。そこでコメの通信販売や袋のデザイン、キャッチフレーズのことなどを私なりに提言したことで、生産者でもない私が「コメ問題」に深く首を突っ込む原因ともなったのです。我が家が宅急便の取扱いをしている関係もあり、佐原さんとは三日続けて会わない日はなく、会えば「コメ」のことで時間を忘れて話し合うことが多くなりました。

そんな佐原さんの生き方や人生、考え方は、かなり普通の人とは変わっているように見えます。元のもとを考える合理的な考えでいて、しかも人に対してはあたたかい気持ちがあふれています。そんな佐原さんの人柄やコメの作り方、コメへの想いと情熱を本にして、少しでも多くの人に知ってもらえないか、と考えました。「オラ思うがヤけど」「百姓、佐原裕の百の想い（百想）」の基本的な構想はすぐ決まりました。しかし、知っているようでよく分からないのが他人のことです。疑問点や本人の言いたいことなどを取材し、メモを作りワープロに打ち込みました。人のことを書くのは（書く内容があることは無論ですが）じつに楽しい作業でした。

やがて、桂書房から「出版しませんか」の声がかかりました。一般読者向けに内容の充実をはかり、もともと百ページほどだった本の内容をほぼ百ページ以上増やしました。しかも一般読者向けなので、数倍気を使うことになり〝楽しい作業〟がかなり辛い作業になりました。

ＮＨＫ解説委員の加倉井弘さんの『これでいいのか日本人の食卓』や食料・農業問題などのニュース解説のシャープさに心を引かれていた私が、拙稿をお送りしたのはこの頃でした。そして思いもかけず、加倉井さんからの「大変おもしろくて、一気に読んでしまいました」に始まる感想・アドバイスの手紙を頂きました。以来、佐原さんのコメを賞味していただいたり、文通がありました。ご厚誼に甘えて「巻頭の文」をお願いしましたら、日を置かずに本書巻頭の「ほんものの農民の知恵」の一文が届きました。

加倉井さんをはじめ、多くの方の励ましやアドバイスに元気づけられ、原稿の加筆修正にも力が入りました。

隣同士に生まれ育った、ちょうど十歳違いの異質の二人が手がけた、本を作るという大それた共同作業は、私の思いが先行して、佐原さんの考えを十分書ききれたかどうか自信がありません。文章力の乏しさもあり、表現のわかりづらい点や間違いがあれば全て私に責任があります。ただ、佐原裕さん本人の人柄と、豊富な人生とコメの体験、農業に対する思い、それは、寝ても覚めてもコメを考える、「コメを愛する」といえるほどの思いを書くことに意を尽くしました。本人があまり言いたくないことも書いてしまったのではないかと、反省することもありますが……。

本を書くことによって、生産者である佐原さんはコメ問題への考えと、コメを愛する気持ちをより深められたようです。一方私は、読者を意識した執筆活動のつらさと楽しさを味わい、併せて社会科教師としても、家の周りに多い農村、農業問題を考えることができました。また二人共通に「コメを、ただ作る時代は終わり、消費者の求めに応じるコメをどう作るか」であるという思いを強くしました。

「何で百姓はコメ作るがか」の疑問を持ち、答えを求めていた佐原さん自身の結論はどうなのか。本の完成間際に佐原さんは言いました――

「ご先祖から託された宿命だと思う。それ以外、考えられん」

この出版にあたり、取材や資料提供その他でお世話になった方々のお名前は、お一人お一人ここでは書きませんが、お礼を申し上げます。狭い地域のことを取り上げたこともあり、この本に書かれる方々のうちで、いささかでも不愉快な気持ちを持たれた方があればお詫び申しあげます。

（坂下富）

第8部　課題　加賀藩献上田に学べ

うまいコメの秘訣　サハラY式栽培

中山間地におけるコシヒカリ栽培での独自のうまいコメづくりの経験とその手法を佐原から聞いたことをまとめた「佐原Y式」は坂下の命名で、データ・情報は平成7〜9年頃のものである。

献上田の秘密…マンガン鉱山とマグネシウム

加賀藩主前田家への献上田の周辺にはマンガン鉱山跡がある。マンガンは以前、能登瓦の黒い上薬用に大量に掘り出された。この山や田は太古の昔は海の底だったのだ。

佐原はこのマンガン地層と献上田の関係に着目し、マンガンの分析をしてもらい、マグネシウムが0・8％含まれていることを知った。小野田化成のマグネシウム入り肥料で数年かかって食味が上がったのだからと、マンガン塊を砂状に砕き、献上田から遠く離れた氷見市日詰の田に1平方メートル当たり4kg入れた。この年の秋、日詰のコメは氷見農業改良普及センターの試食会で25人全員から「うまさ一番」

と支持された（115頁）。

全国稲作経営者現地研究会（平成16年・広島県）で近畿中国四国農業センターの堀野俊郎氏が「お米のおいしさ・お米の健康機能性とは？」の講演をされ、コメと小麦粉を取り上げ、「食味の主成分はリン酸マグネシウムを含有する特殊油脂らしい、コメにより米粒内の油脂ののり具合が違うので、食味に差が出るようである」と、リン酸マグネシウムがコメの食味の決め手であることを話した（詳細は電子版『コメの王様』参照）。

佐原は「マグネシウム摂取の人体の害」を質問し「年に20トン食べなければ問題はない」と堀野氏は答えた。

【サハラY式】うまいコメ作り

まず土作り

▽田はどんな時も乾燥させず、稲刈り前後も長靴の跡がつくくらい水分を切らさないこと。これは献上田が年中水が切れず農民泣かせだったが、水分の多い土壌でコメづくりに必要な微生物が守られると考えられる。

▽有機肥料を与え過ぎない。Y式図②の「肥えギレよく」とも関わるが、野菜などと違い有機は量・質

共に慎重に考え、収穫時の稲わら散布程度にしたい。
▽砂地よりも粘土質の方がうまいコメづくりに適している。新潟県魚沼は中山間部では田が小さく、収穫の秋でも乾いていない。しかし平坦地になると乾田が多く「魚沼米」と言われるほどうまくないと言える。

坂下が社会科教師仲間と魚沼のコメを研究に行ったとき、現地の農協職員が「魚沼でも山手の粘土質の田と、砂地の田ではコメの味がかなり違います。山手の用水の水は夏でも相当冷たい」と言われたことが印象深かった。

①マンガン・Mgでうまいコメ
Mg=マグネシウムを0・8％含有のマンガン土4トン（Mg32kg）を1反に散布して耕耘するとその秋のコメから食味が劇的に向上した。小野田化成の「PK化成40」でも食味は向上するが、結果がでるまでに5、6年を要する。

②肥えギレを良くする…窒素と有機はよく考えて
肥えギレを良くするポイントの第一は肥料、特にN=窒素を与えすぎないこと。「PK化成40」を与えすぎても大きな問題はないが、Nの与え方は慎重にする。Nはその年の夏までの雨や雷の稲妻、前年の肥料の残り具合で変わる。春先にNPKを一度に与える農家は多いが、これではNの調整が出来ない。

Nは必要量の80％を春に与え、6、7月の葉色を見ながら施肥量を決める。肥切れがよいと稲刈りの10日前頃に稲葉が黄金色（燃えるようなオレンジ色）になり、それを刈る。

肥えギレを良くするポイントの第二は、有機肥料を与えすぎないこと。有機が稲の根から吸収されるには無機に分解されなくてはならないことは明白で、有機が畑で有効なのは肥料を保つためではないか。田に有機を入れすぎると肥料をいつまでも持ち続け、肥料過剰で稲葉がいつまでも黄金色にならずコメは充分に熟さず、うまいコメに育たない。

涼熟米に育てる

③水草のイネを…水苗に育てる

種を蒔いた苗箱を水を入れた水田に並べ、上にハウス型のビニールシートを張

加賀藩 献上田に学ぶ

【サハラＹ式】うまいコメ作り

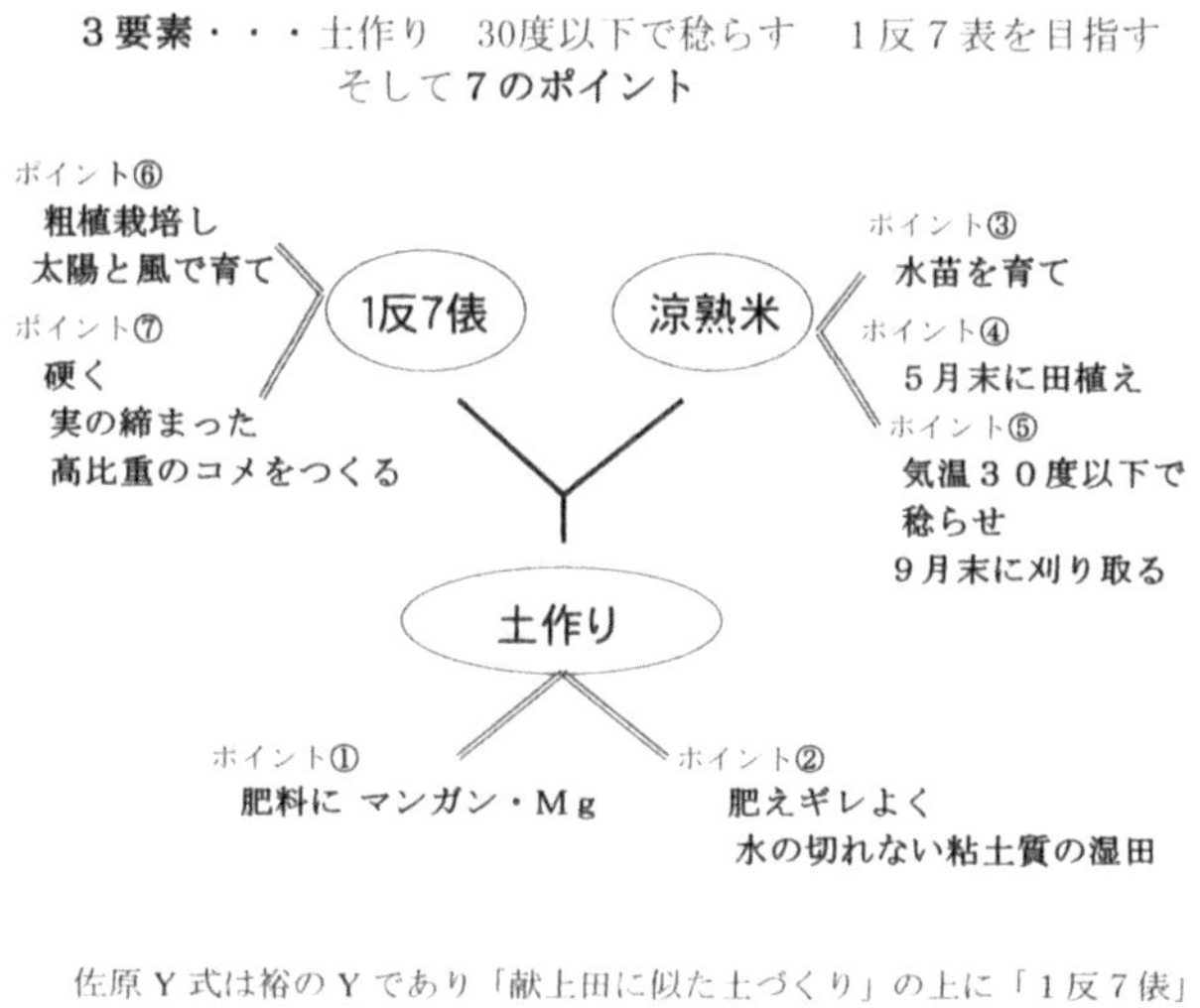
３要素・・・土作り　30度以下で稔らす　１反７表を目指す
そして７のポイント
ポイント⑥
粗植栽培し
太陽と風で育て
ポイント⑦
硬く
実の締まった
高比重のコメをつくる
1反7俵
涼熟米
ポイント③
水苗を育て
ポイント④
５月末に田植え
ポイント⑤
気温３０度以下で
稔らせ
９月末に刈り取る
土作り
ポイント①
肥料に マンガン・Ｍｇ
ポイント②
肥えギレよく
水の切れない粘土質の湿田

佐原Ｙ式は裕のＹであり「献上田に似た土づくり」の上に「１反７俵」「涼熟米」のＹ型でそれぞれに２大工夫があることを意味する。
佐原からの聞き取りを元に坂下が電子版出版に当たり構図し「佐原Ｙ式」と命名した。

り、よほど寒くない限りシートの裾は開けたままにする。33日の苗丘を過ぎ〝中苗（ちゅうびょう）〟に育った苗を植える。

水中で育つ水稲を苗箱に蒔いた種に1日1、2回程度の水を与える植木鉢方法は、陸稲と同じでイネの本来の性質（本能）をゆがめている。水中で育つレンコンやクワイなどは根や茎に空気の通る空気孔がある。植木鉢状態で育ったイネにこの空気孔が水田に育った苗のように育つのか。しかも多くの農家は植木鉢状態で育てた苗を、田植機の都合もあり33日の苗厄前の20～25日の稚苗で植える。果たしてイネの性質は生かされているのか。

④春遅く、5月後半～田植え

一般農家は5月のゴールデンウイーク頃に田植えを行うが、うまいコメのためには5月中旬から下旬に田植えを行う。これは田植え前後の〝水争い〟とその頃の寒さを避けるためもあるが、次の⑤のためだ。

⑤最高気温30度以下で登熟させ9月末～10月に刈り取る

1本の苗の葉が16枚になってから穂が出て稔る頃に最高気温が30度を下回るとコメの成熟＝デンプンの合成がゆっくり進み、コメの味を落とすタンパク質があまり増えない。しかも稲の実（コメ粒）は一般より小さく硬くなる。北陸で30度を下回り、最低気温が下がるのは8月末から9月10日頃。

1日の最高と最低の気温差が大きくなるほどコメのうま味は上がる。この頃以後に登熟して稲葉が黄金色になって10日ほどで刈り入れの適期（9月下旬）となる。

ゴールデンウイークの田植えでは30度を下回らない8月下旬に登熟を迎え、9月10日から15日までにほぼ刈り取る。時には稲葉が黄金色になる前に（台風を恐れたり、休日の都合で）刈り取られることもある。が、これではコメ、特にコシヒカリの食味は充分に出来上がらない。献上田は標高は低いが、夏でも昼過ぎには涼しい風が吹き、秋には昼夜の温暖差が一段と増す。

1反に7俵　硬くて小粒なコメ

⑥粗植栽培し、陽と風で育て…秋に倒さないイネ

▽坪当たり40～60株のどれでもいいが、佐原は50株、そして1株に2、3本の苗を田植機で植え（一般は一株4、5本）。分けつして1株20本にする（一般は40本）。坪当たり1000本に押さえる（肥料の工夫と幼穂時期に分けつを止める方法で）。

▽1坪1000本のイネに、計10万粒をつける（一般には15～20万粒もつけさせるが未熟米も多い）。リンゴ、梨などの果物は摘果で実を大きくし味の向上もできるが、コメは摘果出来ないので初めから10万粒に押さえると味の向上が図れる。

▽稲の本数が少なく、それぞれの株と葉、稲穂などへの日照差が少なく実の充実にあまり差が出ない。

▽1株当たりの実の数が少なく一般より重量がかなり軽く、風の通りが良く、空気中の成分（酸素・窒素・炭酸ガス・その他）の葉の気孔からの吸収・排出を活発にさせ、稲の生育を促す。1株当たりの重量が軽く、風通りが良くしかも一般よりひと月近く遅く収穫するので、一般農家が台風の大きな被害を受けた時も、佐原の田の稲が倒れることは滅多にない。

⑦硬く実の締まった重いコメ…1升1500g以上

▽うまいコメの第一の条件は実の締まった、硬くて高比重のコメ。その目安は次の（ア）～（オ）。

（ア）1000粒重…20・7g以下（出来れば20・4g以下）

（イ）1升桝のコメ（玄米）…重量1500gを超える

（ウ）比重…142・750以上（出来れば143・000以上）

（エ）小粒…氷見市農協では1・9ミリの網目でふるいにかける。一般農家ではよほどしっかり窒素を与えて太らせないと多くの屑米を出すことになる。網目は農水省規格で1・9から1・7ミリまである。佐原のコメは1・7ミリで出荷している。1・9でふるえば半分は屑米になる。

食味検査では大粒のコメほど得点が高いことを知った。これは大粒であるほどコメの販売業者に喜ばれるからである。魚沼と佐原のコメは小粒なので低い評価を受けたことがあった。116頁「硬くて小粒なコメ」参照（詳細は『コメの王様・中山間地米』114ページを）。

（オ）硬さ…東京の米屋で輪島塗のお盆にコメを落とし、その音やはじけ具合で硬さを調べるということを知った。

▽実の締まった、硬くて高比重のコメの栽培方法は―

（ａ）肥料は腹八分目…窒素肥料はその年の雨や天候で変わるので春には与えないか少なめにし、夏頃の葉の色で判断し必要があれば追肥する。肥えギレを良くするため窒素の与えすぎには注意し、登熟前の「実肥（みごえ）」などは絶対にダメ。

（ｂ）有機肥料は特に与えない…有機は分解されないと稲に吸収されない。しかも有機分があると他の肥料をいつまでも保持して稲に吸収され続け「肥えギレ」を悪くする原因となる（学問的には１反当たり４００㎏まではいいらしい）。何よりも多くの田んぼに入れるだけの有機をどこから持ってくるのか、牛や豚の排泄物には様々な抗生物質や薬品が入っていないのか。

（ｃ）⑥の「粗植栽培し、陽と風で育てる」を参照。

第9部　天水草木昆虫の塔・寺の格天井を造る

課題　佐原と坂下の共働第2弾

田舎暮らしながら、コメの門外漢だった坂下が、氷見市の中核農家3軒の通販の販売先を探し、新聞折り込みチラシの作成、配布先の選定・契約、そして受付と発送窓口（妻が担当）となっていた。やがて「コメのことを消費者に知ってほしいので、パンフレットでも書いてくれんケ」と佐原に頼まれた。いつの頃からか、農村・農家のことを書けないかと漠然と思っていた坂下は「やってみます」と答えていた。

「氷見のうまいコメを消費者に届けたい、知ってほしい」という佐原と共働の形で、本を書くという大きな喜びに出会えた。

その時期、集落の区長に押されていた坂下は〝ひづめ倶楽部〟の設立を呼びかけ、男女・年齢を問わない会費制の親睦団体をと考えていた。設立総会には予想を超えるメンバーが集まり、「酒を飲むだけでなく、何か事業はできないか」との質問がでた。

「城ヶ峰の整備はどうですか」と答えたのは、前年秋に祭礼の榊を採るため標高90・3メートルの古城址の裏山へ佐原の案内で登ったことを思い出していたからである。山と木に詳しい佐原のおかげで目的の榊は手にしたが、城ヶ峰は途中の道が一部崩れ、雑木や草が繁茂し眺望もほぼない状態。「古太刀もい出し城ヶ峰」の小学校校歌は多くの人の思い出にあるのか、即賛成。その後日を決めて、倶楽部員が道を整備し、雑木を伐採するなどして眺望が開けた。

道の拓けた古城址に、佐原は「天水草木昆虫の塔」を建立した。重さ2トンを超える石碑を、木こり時代に培ったワイヤーと発動機技を駆使して運び上げたのである。石碑作りと設置は石材店の力も借りたが、毎年春分の日には欠かさず、自作の餅などを供え、麓の僧侶を招いて供養している。コメ作りを通して太陽・水・草・木・昆虫の偉大な繋がりと働きに気づき、「感謝がなければ幸もない」と刻んである。建立者の名はない。

永年の構想を城ヶ峰山上に実現した天水草木昆虫の塔

築百年の寺　天井がない

坂下は高校退職後、酒店代表の傍ら地域の関わることが多くなり、中でも寺の門徒地区代表に推されて、佐原との関係を深め、共働することになった。

佐原と坂下は同じ来現寺の門徒同士。その寺の報恩講で「この辺の寺で御堂に天井が上がっていないのはこの寺ぐらいや」と、講師の僧侶の一言。この寺はほぼ百年前に焼失し、再建で欅の太柱が見事。つい先頃屋根瓦の葺き替えで８００万円ほどを使ったばかり。

講師の言葉が忘れられず、坂下は役員を説得、門徒全体を巻き込み「天井建設事業」を立ち上げた。門徒も少ないので、負担を軽く簡易な天井でと考えていた坂下。が、佐原は持ち前の研究心と木こり・製材・機械操作・鉄の加工等に豊富な経験と技術を発揮し、専門大工などを雇わず素人の老人門徒を率いて見事な内陣・外陣工事をやり遂げた。中でも寺建築に欠かせない欅の肘木＝蛙股を中古の旋盤を活用し大量に仕上げたことは、それを手作業で磨き油で仕上げた門徒の婦人たちを感動させた。

“ほんものの農家”佐原の指導のもと多くの門徒の作業参加で完成した格天井　完成式で経過報告する坂下＝北日本新聞

足かけ5年を要したが、大勢の門徒のボランティアもあり、門徒の負担金は最初の10万円だけ。完成式は大いに盛り上がった。

焼失・再建から100年の内陣・外陣の格天井を「宮大工顔負け」と言われるほどに仕上げた佐原の力量は、住職・門徒の賞賛の的となった。言い出しっぺの坂下は、事務・会計兼作業手伝いとして、佐原の労苦と能力を身近に見て畏敬の念を覚えた。

元禄期の女性慰霊碑修復――
佐原・坂下の最後の？　共働〝課題解決〟

日詰の共同墓地に「肝煎小兵衛妻女乃碑」（きもいり・こへい・さいじょのひ）がある。集落では「こへいばーさん」と呼んでいる。肝煎は関西では庄屋、関東などでは名主という、集落の長である。元禄9（1696）年3月の夜、肝煎宅が火事で全焼。火の中へ飛び込んだ小兵衛の妻の遺体の腹下から「村御印」が見付かった。「村御印」は加賀藩から下された重要文書で、日詰村は他村への併合を免れた。日詰公民館にはすこし焼けた「村御印」と藩への報告書（写し）が残されている。報告書には妻の死亡は書かれていない。

2023年11月、佐原90歳と坂下80歳との最後の？　共働が実をむすぼうとしている。ことの始まりはため池の階段工事終了後の懇親会の席だった。「共同墓地の周りの杉などを伐ってほしい」という意見が出、その懇親会を主催していた坂下に半ば伐採事業が託された（2020年）。

この懇親会が思わぬ形で「こへいばーさん」＝元禄期女性の慰霊碑修復事業へと発展、課題もうまれた。この事業の課題解決はステージ０から４の典型的で分かりやすい事例と思う。次の①②は企図の発芽（芽生え）、③④は課題の認識、⑤⑥は解決案模索、⑦はステージ４の解決案補強に当たる。

①墓地関係者に伐採の賛助金を呼びかけて賛助金15万円集まった。

②佐原に相談すると、「下手に伐ると墓を壊すと大変。自分が伐る」と言い、地主で杉木の持ち主岡田正さん（ひづめ倶楽部会長）と２人で夏の後半に20本ほどの太い杉などを伐採。

③賛助金からお礼金を渡そうとすると、佐原・岡田両氏が「お礼はいらん。それを小兵衛ばーさんの碑が傾いているので、修理する資金にしてくれ」と言う。

④碑は１９５３（昭和28）年に「日詰村民一同」で建立されたものなので、集落（地縁団体日詰区）の区長や役員に相談したり、総会で碑の修復の必要性を訴えたが、賛同は得られず、碑の修復は行き詰まった。

⑤集落の老人会の会合で「碑の修復」を説明すると、会の閉会直後岡田正さんが「米寿なので寄付したい」と、かなりの額の寄付を申し出てくれた。石材業者に見積を依頼し全体の事業計画を作成し、区へ３度目の申請。

⑥区の役員会に出席し説明、「山の上の碑では、墓地に関係ない人になじまない、下に降ろしては」との

意見が出され、地蔵堂の側に移設することで、基本的に了解された。

⑦「肝煎小兵衛妻女乃碑移設修復委員会」を立ち上げ、事業化が進み、寄付金も集まり〝小兵衛ばーさん〟碑の修復事業は２０２３年11月４日に落慶式と地区民の慶祝会で完結した。佐原が碑の損傷に気付き、日頃から気にとめていた慰霊碑の修理を坂下が〝課題解決〟に動いたことになる。

こへいばーさんの碑を修復することにほとんどの人は無関心に近い感情を持っていたようだ。が、山の上から集落の地蔵堂横へ移して再建することで、理解と関心が高まったのか、70年前に建立した先人への思いや、ばーさんの遺徳を感じたのか、寄付金も思った以上に集まりはじめた。落慶式や慶祝会にはかなりの住民が参加。区長はじめ役員たちも生き生きと動いてくれた。

小兵衛妻女乃碑再建事業で〝集落に活気・元気を〟という坂下流裏の課題も実現したように思う。時あたかも、坂下は碑の落慶や慶祝会と、本書『課題解決』の最終校正を並行して進めている。

課題解決　集落の閉塞感打破の章

「道の半分はうちの土地」との主張に始まり
簡易裁判所から最高裁まで30年続いた係争の地

第10部　**課題**　道路を巡る裁判30年

第11部　**課題**　倶楽部結成　集落に活気・元気を
義経ゆかりの古城址整備
▽旧小学校歌碑が結んだ小浦山800年の縁

第12部　**課題**　キケン　旧倉庫2階の集会所建替え
どうする　新たな閉塞感迫る
集落・地域・市

第10部

課題　道路を巡る裁判30年

「坂下富を区長に」

その話は、緩やかに予告付でやってきた。富山県でも石川県境に近い氷見市日詰は35戸ほどの集落。唯一の専業農家以外は兼業で勤め人が多数。製材業2、大工3、鍛冶業1、商店2の農工商が入り混じっていた。

毎年1月に初寄合が開かれ、区長を選ぶ。かつては集落の有力な五人衆から区長を選んでいた。中でも有力でしかも元校長が6年間の区長職を辞する前後は〝五人衆〟に関係なくしかも1年単位で区長を選出していた。理由は10年以上前から続いている道路境界を巡っての裁判であった。

初寄合も終盤となり、区長選考委員が別室へ移動して間もなく「坂下富さん」と呼び込まれた。選考委員長が「富さん、区長をやってくれんケ。これまでの任期1年を2年間にして」と言われた。

坂下はこの10日程前に親戚筋の元区長に「ちょっと遊びに来ないか」と呼ばれ、もう1人の元区長もいた。「次の区長は誰がいい？」「歳から言うと○○も良いが、あんたはどうだ」などと世間話風に言われながら、半ば覚悟を迫られていた。いわゆる根回しであったのか。

選考委員の前で、あれが根回しだったのか、と思いながら緩やかに有無を言わせない選考に、「わかりました。仕事もありますが、何とかやらせてもらいます」と言うしかなかった。

それからはとても普通では経験できない、区長職を2年2期（実はその後も間をおいて2年）計6年務めることになった。最大の課題は「裁判」問題への対応であった。

争い12年目、最高裁へ

集落の状況は特に暗くはないが、何をするにしても活気があるとは言えなかった。人間関係が微妙で新規の企画や事業案など出す雰囲気ではない、閉塞的雰囲気があった。

集落のA家と集落が神社下の道路を巡って12年目の裁判をしていた。ことの起こりは、雪融けで道の一部が崩れ、当時の区長が道路修復をしたいと、A家に了解を求めたことに始まる。幅3メートル（以下mと書く）足らずの道路下の山林と畑はA家の所有地。A家からの答えは「立ち入りは断る。部落（集落）が、うちに無断で道路を切り下げた。道路の半分はうちのもの」と簡易裁判所の調停に始まり、地裁へ、「所有権の確認」を求める争いが続いていた。双方が自己の主張をする膨大な資料・地図・証人を立て主張し合った。

坂下が新区長となった時はA家の所有権は否定され「公道である」と高裁で決定されていた。が、相手は納得せず、道路の崖側半分に穴を掘ったり、コンクリート杭を立て、農作業車や耕運機の通行を妨げ、集落側は「通行妨害排除」の訴えを起こしていた。過去にも何度か和解の話を集落側が持ち込んでいたが、話は決裂していた。集落の一員として詳細は分からないが、坂下は副区長とともにA家を何度も訪れ和解の道を探った。

A家の「地図を作るのに４００万円も掛かった」をヒントにその半分は集落で負担する案を持ち、A家へ「今晩行きたい。２００万円を基本に話したい」と言うと「そんなら来なくてもいい」と電話を切られた。今後はもう裁判に望みをかけるしかないと、決心した。

その直後、長年集落側の弁護を担当してくれた弁護士から「近いうちに引退する。一切の裁判の弁護を引き受けない」との通知を受けた。

思わぬ展開　裁判所の迅速決定

地裁では終わったはずの「所有権」の主張がA家から持ち出され、坂下も弁護士に頼らず、答弁書（準備書面）を作成し主張した。主題の「通行妨害排除」の件だけでも過去に地裁、高裁で仮処分・決定・控訴を繰り返しなんと7度も「決定・判決」を繰り返した。裁判が動いたのは坂下が担当して2度目の地裁でのことだった。

幅１ｍ余、長さ20 ｍほどの山林は自分の所有地とこだわるA家の長男は「登記地図を現地におろせ、地図を作れ、費用は原告（集落）で」と主張する。裁判官から「自分の費用でやって下さい」と言われ、書類をテーブルに投げつけ、ドアを蹴って出ていった。裁判官（若い方）がこの様子に怒り（残された集落の傍聴人７人と坂下に向かって）とんでもない発言をした（ここでは書けません）。次の裁判日程も決められず、「閉廷」の声もなく裁判は終了。間もなく高裁からの相手側の控訴状が届き、坂下が「準備書面（控訴に対する反論）」を書いて送付した。相手側の再度の反論文も出されたが、高裁金沢支部では１回の審理で終結。集落側の勝訴。Ａ家側は最高裁へ上告した。

最高裁はＡ家の訴えを「上告を棄却。上告審として受理しない。費用は上告人の負担」すなわち集落側の全面勝訴と決定した。争いはじめから14年目の平成10年12月17日という年末であった。

第３次訴訟・・・刑事事件で訴え

最高裁判所が「公道」を前提に「通行妨害を禁止」を決定してから18年、Ａ家が実力行使にでた。道路の崩壊を防ぐためのコンクリート混じりの土嚢を破り崩落させた。さらに自己の山林と主張する高さ４ｍほどの崖にほぼ10ｍにわたり深さ70センチほどの横穴を穿ち、自ら道路にコーンポールを立てしかも危険だから通行止めにするよう市へ何度も電話している。

市は長年にわたる集落とＡ家の争いに一貫して第三者の立場を取り、係争道路については市の道路ではない、地区が管理する道路で〃赤道〃は国の土地と主張してきた。が、財務局へ問合せて「市へ移管ずみ」との通知を受けてもなお「不介入」の姿勢のままであった。

当時区長の相談を受けた坂下は、現場写真を撮り、警察に連絡するよう勧め、早期の臨時総会を促した。総会では通行妨害で歴代区長が告発人となり、刑事・民事双方で訴え、区長を助け坂下が告発の業務を担当することなどを決めた。

昭和60（1985）年頃からの「土地所有権」訴訟を1次、集落側の「通行権」訴訟を第2次とし、最高裁決定から18年ぶりの集落側の訴訟を第3次と位置づけた。従来の民事のみではなく、刑法を調べた坂下が〃往来妨害罪〃を見つけ刑事事件としても地元警察をはじめ検察庁、県警本部へも告発した。

民事として道路復旧費用700万円余、刑事事件として往来妨害罪（刑法124条第1項）を、高裁や最高裁の決定文書を添え相手に迫った。今までにない〃刑事〃告発は相手のA家側にも相当応えたようだ。

係争地を神社駐車場に

地裁では和解を前提に9回の協議が開かれた。裁判官と双方10人以上が立ち合う現地調査中、誰かが「この崖側の土地と隣接の畑の一部を集落が買収すれば」と言った。この言葉を発した人物は判然としないが、次の協議でテーマとなり、A家側が売却する土地の範囲と樹木などの見積りを提示してきた。

総額１００万円近い。

坂下はその土地の範囲に注目した。明らかに集落（土地改良区）の管理地と排水路も含んでいる。その指摘を受け、Ａ家側は「係争の山林は無償で集落へ譲渡、畑は杉などを含め買い取ってほしい」と、軟化してきた。裁判官に原告（集落）はいくらで買いますかと問われ、坂下は３秒後に15万円と答えていた（内心では50万円は覚悟していた）。相手側もそれを受け入れ、一気に和解へ進んだ。

主な和解条件は以下の通り。
＊被告側（Ａ家）は本件道路の宮の脇道の所有権を有しないことを確認。
＊被告側は本件道路の一部崩落について遺憾の意を表する。
＊被告側は本件道路について通行妨害行為や道路の下部を掘るなどの路肩の強度を弱める行為をしてはならない。
＊係争道路下の畑と樹木を原告（集落）は15万円で買う。
＊原告は刑事告発、申立など３件を取り下げる。
12月上旬の和解を実施するためこの後、年度末へ向け大忙しとなった。相手が手放した土地の樹木を伐採して埋め立て、神社の駐車場とする手続きと、集落民への説明と今後の予定を提示することも急がれた。

長年の係争地一変

坂下流ソリューションで

30年係争してきた土地が思わぬ形で集落の手に入り、神社の駐車場にすることにし、神社名義で登記も完了（山林は個人名義で登記は可、が畑は農業者以外は登記出来ない）。しかし、駐車場にするにはハードルが高い。近くを流れる廃川地を県が払い下げた畑は、堤防から２ｍ以上、市道からは３ｍ以上低い窪地。しかも杉木が数十本植林されている。西側の排水路側は東側市道から４ｍほど低く、２ｍほどの擁壁と膨大な土砂がいる。費用はどうする、工法はどうする。難題がいっぱい。集落にはその予算もない。

ここで坂下のソリューション《課題発見⇓解決》がひらめいた。坂下が事務局をしている国県市の補助事業を応用しよう！　穴を穿たれ危険でしかも一部崩落している公衆用道路を修復する、という応用事業である。資金は十分でないので、業者に頼ることはできない。集落の人力・技術を動員し、手当金（日当）を支給する。

①杉木（太さ約10～30センチ、約50本）を伐採、枝葉を処分。太い杉木と樹齢百年超のケヤキ（欅）は売却、工事資金の一部にした。ここでは腕に覚えのあるチエンソー使い、ユンボ使いが活躍し予定以

上の短期で更地にした。

②西側排水路側は２ｍ以上の擁壁がほしいが、予算不足で１・５ｍのＬ型コンクリートブロックを購入。測量も基礎工事も集落民の技術、重さ1トンを超えるブロックをユンボを駆使して順調に進んだ。この時、知り合いの土建業者から声がかかった。

③他の現場で土砂が出るのでと、業者は無料で全面埋め立てし、しかも問題のあった道路を希望の幅員に広く、しかも丈夫に仕上げてくれた。

係争の虚しさ

かつての係争地を集落が手に入れ、道路も立派に安全になり、駐車場まで整備した。そして工事完成を祝う直会（宴会）は、売却した樹木の代金を充てて行った。その場でもその後も坂下は係争の虚しさを思った。

昭和20年の終戦後間もなく他地区から嫁に来たA家の女性が、以前は（宮の下道は）広くなかった、道路を切り下げウチの山林側に広げたとした訴えは、30年を経て解決したかに見える。双方が裁判に訴え、多くの資料・地図を提示、証人を動員、多額の経費も要した。２０１６年の和解の際、坂下は「土地問題はこれで了承します。他にもA家と和解したい」と裁判官に申し出た。が、裁判官から「その話になると被告はクラッシュを起こすので話は出来ない」と言われ断念した。

Ａ家とは係争地和解は出来たが、Ａ家はゴミ当番以外は集落のことに関わろうとせず、係争以後の万雑（町内会費＝農業者なので農業関係費も含む）や田地改良に要した負担金＝土地改良費も未払いのままである。そして、狭い農道を市道に格上げし、他集落とつなぐ計画も止まり、県道拡幅もＡ家の田の所でストップしている。

集落の道路を守ろうとした先輩区長やかなりの裁判費用と時々の会合に特に大きな異議もなく、訴訟を支えた集落民を称えたいと思う。その一方、一旦こじれたＡ家側の感情は溶けることは難しく、関係の改善を望みつつも、集落の人々の多くはその付き合い方に戸惑っていると感じる。争いは相互不信から始まり今なお感情面で大きな溝を残したままである。

第11部　課題　集落に活気・元気を

男女年齢不問の〝倶楽部〟で活性化・・・義経由来の古城址整備

平成9年（1986）1月、区長に選任された坂下は道路損壊を巡る10年を超える裁判に集落には活気がないように思えた。

区長2年目の3月「男女、年齢に関係ない倶楽部を作りませんか」と集落へ呼びかけた。全35戸の集落で20人を超える男女がひづめ倶楽部設立総会に集まった。他の集落では老人会、青年団、婦人会があり、青年団以上老人会以下の男子らが〝壮年会〟を組織する例が多く見られた。

総会である男性から「倶楽部は酒を飲むだけでなく、何か事業とかできないのか」と質問が飛びだした。瞬間、坂下の脳裏に〝ジョウガミネ〟の言葉と光景が浮かんだ。「ジョウガミネの道が一部崩れ、木も茂っています。そこを整備するのはどうですか」と答えた。

前年秋の集落の祭礼に神社に奉納する「榊」を探すため山と木に詳しい佐原裕さんを頼って、同行してもらっていた。佐原さんは坂下と共著の『コメの王様　中山間地米』の主人公である。〝ジョウガミネ〟は城ヶ峰で、小学校歌で「ジョウガネ」と歌われ集落の人にはよく知られた戦国期の城址である。

集落の史上最多の笑顔が集まった旗立て台完成式
青年団の獅子舞演舞も実施できた

後で知ったことだが、この山には源義経に由来する砦が築かれ、それを元に8代200年続いた城があった。坂下が住む集落には4つの町があったと言う。

総会は異議なく「城ヶ峰整備」を決め、この年の内に一部崩落した道を直し、余分な樹木を伐採、眺望が開けた。そこでビールなどを飲みながら達成感を味わっていた。もちろんこの地の地主と思われる3人に坂下が事前に「整備」のことの理解と了解を得ていた。

「城ヶ峰整備」を進める一方、倶楽部は鍋まつり、忘年会（山の池で育てた鯉や鮒料理を中心に）などの活動を楽しんでいた。

集落に活気がよみがえり、人数が少なくなった青年団の負担と危険を考え、寄付金を募り木製からアルミ製の旗竿に切り替え、4年ぶりに獅子舞も復活した。

校歌碑の横で校歌を合唱する速川小児童＝氷見市小久米

戦国の城に母校しのぶ

旧小久米小 住民・児童、建立祝う

城ケ峰に校歌碑

百十余年の歴史しるす

氷見市小久米・城ケ峰の池田城址に、学校統合で廃校となった旧小久米小校歌碑と城址碑が建立された。三日、地元住民や速川小児童ら約二百人が出席して完成式が行われ、旧小学校を懐かしむとともに、遠い戦国時代に思いをはせた。

旧小久米小は平成四年四月、床鍋小と統合して速川小となり、百十余年の歴史に幕を閉じた。住民が何か記念になるものを残そうと話し合い、歌碑建設委員会（作子誠剛委員長）を設立し準備を進めてきた。

建設場所は旧校歌にも「古太刀も出でし城ケ峰」と歌われている城ケ峰（標高九〇・三㍍）にした。城ケ峰は三善朝宗が応安年間（一三六八―一三七四）から六代にわたって勢力を張り、山頂に池田城を築いた地で、戦国時代など幾多の合戦をした歴史的な峰であることから合わせて城址碑も建設することにした。

池田城址碑も

校歌碑は高さ一・一㍍、幅二・一㍍、厚さ八㌢の赤御影石で、元校長の故丸山昭宣さんの書で、題目まで彫記と旧小久米、床鍋小校歌の楽譜の副碑も建てられた。池田城址碑は高さ一・七㍍で堂故茂市長が揮ごうした。表に「池田城址」、裏に解説文が付いている。

完成式では地区住民代表や地元の速川小児童代表、池田城主三善氏の子孫らが二つの碑を除幕した。この後、速川小児童五十二人が旧小久米小校歌と速川小校歌を歌い、最後に集まった地元住民が一緒に小久米小校歌を歌い、建立を祝った。

富山新聞（平成十年十一月四日）

小久米小学校校歌碑と城址碑などの完成を祝い

旧校歌を歌う統合後の速川小学校生

城ヶ峰に小学校の歌碑・城址碑

毎年〝山上祭〟開催

城ヶ峰整備に汗を流してビールなどを飲んでいると小学校統合で以前の校舎はなくなり、新校舎が見える。誰かが「もう小久米小学校はなくなり城ヶ峰の校歌もなくなったね」と言った。

倶楽部に城ヶ峰に歌碑や城址碑を建てようという機運が生まれた。日詰集落だけでは無理なので旧小学校地域の自治会に働きかけた。区長たちが集まる機会があれば「ジョウガミネ」と訴えた。建設委員会が組織され、事務局長坂下と倶楽部員が中心になり活動。地域の人や遠くに住む卒業生から予期以上の２５０万円余の募金を得て、山上に４体の石碑が立った。

関係者が多く集まった中、新小学校の児童に旧小学校の「古太刀もい出しジョウガネの」を歌ってもらった。この年以降、春分の日に毎年佐原の「天水草木昆虫の碑」供養と併せて〝山上祭〟開催することになった。

記念誌『古太刀も出し城ヶ峰の遠きいわれにはぐくまれ』を発行、地域全戸と卒業生ら寄付者などに配布。その「あとがき」に寄せた坂下の文は以下の通り。

記念誌あとがき　『古太刀も出し城ヶ峰の遠きいわれにはぐくまれ』より

歌碑が結んだ小浦山800年の縁

小久米小学校歌碑建設委員会
事務局長　坂下　富

平成十年十一月、城ケ峰の山上に大小四体の石碑が立っている。つい一年余り前まで城ケ峰を訪れるのは、国土地理院関係の調査員か（三角点がある）、城の研究家や物好きな地元の数人であったろう。藪の中を苦心して頂上へ到っても木々が繁茂し、狭い空くらいしか見えず、眺望はゼロであった。そのような城ケ峰に石碑が何本も建てられた。このような本が出された。六百年も前にこの地を支配した城主の子孫を探すことができた。八百年も昔にこの小浦山に砦を築いた武士の子孫が久目の永福寺、大伴さんである。しかも今はかなりの人が「城ケ峰」を訪れるようになった。これらは数年前の城ケ峰を知る者にとっては、全くの〝奇跡〟としかいいようがないだろう。特に当事者の一人としての私の偽らざる実感である。

一年余り前までの何もない「無」の状態からどのような軌跡を描いて「城ケ峰」が地域の人々の前に甦ったのか、その〝奇跡〟を、坂下個人の感傷と笑いながらでも、私が辿った不思議な〝奇跡〟と〝軌跡〃を一緒にたどってみませんか。

「城ケ峰」は校歌を通して、多くの小久米小学校卒業生によく知られているが、その詳しい場所や状態を知る人は皆無に近いものであったろうと思われる。校歌を指導していた小久米小学校の先生方の多くも城ケ峰は早借方面の山と思っていた、と聞いたのは石碑建立事業が本格化した最近である。戦後ほ

上・城址整備に向かう
ひづめ倶楽部員
下・汗を流したあと憩い
歓談する倶楽部員

んの一時期の焼き畑開墾と勝伝寺の薪作りが終わると、山道は樹木でおおわれて城ケ峰へ行く人はほとんどいなくなった。

そんな時、各集落で結成が盛んになった壮年会を日詰でも作る話があり、年齢も性別も問わない「ひづめ倶楽部」が作られた（平成九年秋）。その設立総会で「酒を飲むのもいいが、事業として城ケ峰の道の整備とかしたら」と発言をした。内心では会員の反応は否定的だろうと心配していた。が、意外と「いいネ」と頼もしい反応があって、倶楽部の事業の一つとすることに決まり、山頂一帯の地主の理解も〝即〟得られた。

城ケ峰の道を整備し、山頂の樹木も一部切って戦後間もない頃の眺望を取り戻すのに多くの時間は要せず、倶楽部員らは汗を流し、山頂でビール・酒を楽しく酌み交わし語りあった。

眺望がきかない山頂の風景に「昔はこの方角に小久米、その向こうに海も見えた」との声に、大きな椎の木（くぬぎ）などを切るのに異存のある者はおらず、腕に覚えのある人もいて、斜面の木々は倒され、視界が広がった。その木のほんの一部は椎茸菌を植え、日詰の人に買ってもらった。

小学校が見える

作業をしていた平成九年秋の終わり頃、視界に入る遠くの海や余川の老人ホームなどが話題になった。「小学校が見える」「速川小学校ができて、新しい校歌になったので、昔の小久米小学校校歌の歌碑でもここの城ケ峰に建てたら・・」など言った人もいたが、だれも気に留めなかった。夢のようなことで、だれもそんなことが出来るとは思っていなかった。

ひづめ倶楽部の一員に佐原裕さんがいる。倶楽部の中心になって活動し、木を切る名人の佐原さんは、氷見市で個人最大の米を生産し、全国の消費者へ直接米を通信販売している。その人が長年の念願であった個人的石碑を山頂に建てる計画を持ち、多額の製作費用を負担し、二トンもの巨大な石を自力で運び上げた。平成十年三月に落成した石碑には「天水草木昆虫の塔」と刻まれている。

その頃に速川自治振興委員会で、地域の活性化などが話題になり、「城ケ峰に今は歌われない小久米小学校の歌碑でも作ったら・・」と言ったのが私であった。自治委員の多くは一年か二年での交代であり、「歌碑」についての理解もまちまちであったが、かなりの感触があった。私の区長任期は二年でこの話は次期区長に引き継ぐことと思っていた。しかし、日詰の事情もあり私がもう一期やることになってしまった。そして今年平成十年二月の新自治振興委員会の初会合以後、機会あるごとに委員会で説明してその理解を得て、歌碑建設委員会の設立総会、賛助金のお願いと募金・・山上でのだれかの「小久米小学校校歌の歌碑を・・」の発言から、夢にも思わなかった歌碑建立の計画が動きだした。

資金は集まるか？

歌碑建立の計画は動きだしたが、二百万円近い資金はどうするのか、速川地区の住民の協力（なによりもお金）が得られるのか、どう計算しても難しい。募金が始まって、速川地区と久目（池田）地区で予定より四、五十万円足りない。

最後の頼みの綱は小久米小学校卒業生で、速川以外の県外などに住む人。コンピューターに入っている三年ほど前の同窓会のデーターをそのまま使わしてもらい、三十歳以上を選んで「協力のお願い」を発送。城ケ峰で遊ぶ幼子を取り入れて小学校を遠くに望む写真と小学校の運動会（鼓笛隊）を写した写真も同封した。千百通ほど送った郵送料が約十万円、写真代約四万円。暑い八月の夜に、日詰憩いの家で汗を流しながらの発送作業。事務局員たちと「切手代のもとがとれたらいいね」とさえ話し合うほどが、一週間もしないうちに卒業生からの郵便振替が二十万円に近づき、中には二万円の人もいることを知って、「歌碑の事業は成った」と心底確信できた（送金・持参の最終金額は百万円を超え、その人数は三百十人を超える）。

建設構想は急成長　石碑三つと本も発刊

最小限の費用で最大の効果を狙って、表に「校歌」、裏に「城址碑」と考え、その案を理解して基本のプランもねっていた山森文雄さんが、「城址の石は別にしよう。校歌のは学校だから、本の形がいいと思うが・・」と言い出したのが、九月も中旬であった。価格はもとのままでもいい、三つに分けて石碑を作る構想が急に動きだした。城址の文字をだれに書いてもらうべきか……困っていた私が、ひづめ倶楽部の岡田正会長宅を訪れると、偶然に校歌碑建設委員会会長で市会議員の布子さんが先客でおられる。相談した私に、「堂故市長はどうか」といってくれたのは、布子会長。ぱ〜っと視界が開けた感じ。岡田さんも同意して内定。この後の自治振興会で中間報告案とあわせて異議なく了承。さらに資金的余裕を背景に、記念誌を出すことも具体化し、企業の協賛も得られそうだ。夢は広がるが、仕事もどんどん増える。

『古太刀も出でし　城ケ峰の　遠きいわれに　はぐくまれ』発行の端緒となったのは、かつて『速川村史』発刊の中心となられた高西力さんの原稿である。一時の病気も回復された高西先生に、池田城の碑文と城の経歴を簡単なパンフレットにして地域の皆さんに配付する原稿をお願いしたところ、原稿用紙五十枚を越える「池田城の譜」を早々と書き上げられた。しかし、事務局には資金的見通しもなく、折角の原稿を生かす途もないとあきらめていた。ところが、石碑の賛助金が予定額をかなり越え、しかも地域の有力企業などの協賛を得て、本書が日の目をみることになった。しかもそれによって歌碑や「小学校校歌制定の経緯」「小学校の歴史」の記録部分も発行できることになったのである。

城主・三善氏の子孫は東京と金沢に

池田城址碑の文案を練るため、『速川村史』『久目村史』を調べ、最近出たばかりの『永福寺史』『氷見市史』もながめた。城主・三善朝宗の由来、その子孫小浦氏のことを調べるにつれ、その子孫松原氏は加賀藩に仕えていることがわかってきた。「松原文書」なるものも散見する。松原氏の子孫は金沢かどこかにいると思い始めていた。

石碑が三つになり、「池田城址」が別の石碑となることが本決まりとなった九月末、またも良からぬことが私の脳裏をかすめる。「松原氏を十一月三日の完成式に招くことができないか」。二、三の人に言うと「それはすごい」といってくれる。でも何処にいるのか松原氏は……。

高西さんに相談すると、金沢の図書館へ行けば分かるのではないかとのこと。十月一日に二人で行くことを約束。その前日私はかつてないほど急激な悪寒と高熱に襲われ、仕事を早退して柿を二つ食べ、アイスノンで頭を冷やしてひたすら寝た。翌日、熱は引いたが、頭は少し痛い。家を出るとき、我が娘に「金沢の玉川図書館なら十月から当分閉館のはず」と言われ、高西さんに聞くと目的の図書館と一致。金沢行きは中止。ソファーに横になる。ウトウトするうちに、市史編纂室にアルバイトしている娘が以前にコピーしてきてくれた「安政期の加賀藩侍帳」を思い出し、探すと「松原氏」は五家。最大の五百石松原氏と見当をつけ、その氏寺「禅・永福寺」は金沢とこれも見当をつけ、ＮＴＴで「金沢市のエイフクジ」と聞く。すぐに番号がわかって、即座に永福寺へかける。

「ヨウフクジです」とおっしゃる住職に事情をはなし、「五百石相当だった松原氏」を聞くと、東京と金沢の二人を親切に教えていただいた。東京と金沢の松原さんはともに、昔の詳しいことはよく分からないようであったが、「三善氏との関わり」のいい伝えは知っておられた。早速こちらの資料を送る。返事が待ち遠しい……。

小浦山の縁《えにし》

振興委員会委員はもとより、地域の多くの方々の賛同と協力、今は故郷の速川を離れ遠くに住む卒業生の郵便振替、ひづめ倶楽部員の汗と工夫が一つに結集した成果が、海抜九〇・三メートルの山頂に鎮座する三体の石碑という形に結実した。六百年を遡る三善氏の子孫と、現在地元に暮らす我々との出会いも実現（するはず）、長年不明であった小久米校歌の制定のいきさつ、古太刀との関係も明らかにできた。

しかし、もっと驚くべき事実が城ケ峰の一点に集中していることが分かった。速川や久目は相当に古い昔（縄文・弥生）から日々田を耕す営みを続けてきた人々がいて、その地（土地）と血（血統）を継承する人々が現在地に居住していることは想像に難くはない。しかしその伝承を伝える家はほとんど皆無に近い。

城ケ峰は本来「小浦山」であり、軍事上の要地であったこともあり、各時代の有力者がこの地を目指し、濃密な歴史を刻んだことが分かる。しかも城ケ峰の歴史の背後に、教科書でよく学ぶ、源頼朝と鎌倉幕府がある。

この地（小浦山）に真先に館を構えたのが、占部氏であった。占部氏は源義経に壇の浦で破れ、頼朝によって能登へ配流（一一八五年）された平大納言時忠の臣の一人であった。占部家彦がこの地へ配流されたという説もあるが、実は時忠が自分の娘婿であった義経が日本海側を逃亡（一一八五年）し、この志于路を通るとみて「もう一度義経公に会いたいもの」と述べ、家彦を派遣し、家彦は小浦山に砦（見張り所）を作ったとされる。

家彦の子孫は「阿努荘の長者として、近隣の輿望を担っていた」（永福寺史）。ところが、時を経て新しくこの地へ地頭として「進駐して来たのが三善朝宗」（高西力さんの言葉）であった。三善氏は鎌倉幕府創立時期に、訴訟を担当する問注所の長官（執事）であった三善康信の子孫とされる。康信は公家の家柄で法律に明るく、平時忠の配流や義経の処分に深く関わっていたと思われる。進駐してきた三善朝宗（にっくき鎌倉の末裔）から立ち退きを迫まられた占部家彦の子孫、貞彦は小浦山の館を引き払い、梨谷へ移った（移された？）とすれば、心の中は如何ばかりであったか。「南北朝争乱のただなかの応安三年（一三七〇）貞彦は世の無常を悟り、自らの館を仏閣とした。これが永福寺開創の始まり」（永福寺史）とあるのは、無理もないのではないか。

新支配者の三善（小浦）氏は、戦国時代の弱小勢力ながら八代、二百年にわたってこの地に君臨し、やがて浪人（牢人）となって松原氏を名乗り、加賀藩へ仕え、江戸時代は五百石というかなりの家柄であった。一方「世をはかなんだ」占部（大伴）氏は、いち早く一向宗（浄土真宗）に帰依して寺を開き、有力な寺院として現在も血脈を伝え、尊崇を得ている。身近に八百年を超える血と歴史を伝える方がいて、同じ鎌倉時代に源を発する松原氏もいる。それらは全て小浦山＝城ケ峰に縁を結んでいる。さらに池田城の小浦氏に仕え、その後速川・久目の地に帰農した子孫もかなりいるはずで、その縁に我々もつながるのではないか。

「無」から「縁」の発見・継承

ひづめ倶楽部の結成が原因（縁）なのか、速川自治振興会の忘年会兼研修会が原因なのか……。数え上げればいくつも思い浮かぶ。次のどれかひとつが欠けても歌碑の建立も小浦山の縁も発見出来なかったのではないか。佐原裕さんの「天水草木昆虫の塔」が与えた影響も大きい。卒業生が歌碑に対して予期せぬ大きな関心を寄せて多額の振替送金をしてくれた縁。氷見市が進めている「市史編纂」の雰囲気。久目・永福寺の大修理と「永福寺史」もある。日詰から通じる道以外も細いものがあるが、我が日詰からは緩やかでやや太い道がつけられている。その地主はいずれも身近な方々。さらに、江戸時代初期から放棄された廃城跡として木々が繁っていた小浦山（だれも耕作していなかったと思う＝理由はやせ地で作物ができない）、その場所を戦後に焼き畑開墾した横山清次郎の存在もある。この開墾後の眺望を年配のひづめ倶楽部員が記憶していたことも縁であろう。

私の周辺と私の脳裏を何かが走り回り、私自身が予期せぬ方向へ引き込まれながら、この本の発行までに至った気がする。しかも、多くの皆さんを巻き込みながら。城の研究書や村史など紙の上には「池田城」はいろいろ記録されている。しかしその根源にある小浦山＝城ケ峰は草や木でほとんど埋もれ、その地に住む人々の記憶にも残らない運命をたどろうとしていた。その城ケ峰に、突風が吹いたようにでも、また一瞬の光りが射したように見える人が何人かでもいてくれるなら、形も色も分からない「縁」がこの地域に再び生まれたのではないだろうか。小学校校歌碑の建設をきっかけに生まれた「縁」の再確認を、山上の石碑や眺望を見物に訪れる人が継承してくれるものと思う。

石碑建立事業に様々な形で賛助・協力された地域の方々、卒業生の方々の「縁」に感謝の心をこめて本書を捧げ、お礼といたしたいと思います。

第12部

課題　キケン　旧倉庫2階の集会所建替え

集落民参加と設計・資金の工夫

集落の公民館の新築意見は何度か出ていたが、多額の負担が見込まれ、合意に至らなかった。戦前の農業倉庫を利用したその2階が集会場になっていた。坂下は「最近地震が多いが、集会の時地震が起きてこの建物が崩れたら何人かは死ぬし、大けがをする人もいるはず。何とか工夫して新築した方がいい」と意見を述べた。

この発言が影響したのか、3月に定年を迎える坂下が6年ぶり3期目通算6年の区長に選任された。課題は土地探しと如何に費用を抑え、しかも集落のみんなが満足する「公民館」を建設出来るのか。

土地選びは2件が断られ、もう1件はＯＫ。が、下水道工事費がかなり負担となる（国の補助で安く下水を引ける期限が終了していた）。

建築はコンペ方式を採用。現在の集会場の規模を前提に、台所、トイレ、倉庫を加え、基本設計図を考えた。

その案を集落の元大工2人と検討し建築業者に提示。6社が応募、上位2社に絞って集落の総会に提案。

その中の１社が圧倒的多数で支持され決まった。この年は降雪も少なく、工事は順調に進んだ。

旧集会場（２階）は借地で、取り壊す費用を安くするため屋根の部分は専門業者に依頼し、後は集落の人が引っ越しも取り壊しも行い、日当の形で還元した。総建設費用２３５５万円が見込まれた。35戸の集落には大きな負担であった。

建設費用・金利は、ＪＡなどの金融機関からの借入を避けるため、「一括払いする人」を募り、そうでない人は月３千円を毎月集金する。そして市の補助金、大口の寄付金等があり、資金繰りはあと一歩。不足する資金を集落に呼びかけ「借金」を申し出た。「ＪＡ借入金利より安くしかも定期預金より高い」金額で募集。予定以上の応募があり業者への支払、備品の購入、完成式・披露宴などの予算も十分となった。最終的には各戸40万円負担となった。

完成式の前後、整備された玄関前の広場（コンクリート舗装）で獅子舞・餅つきなども行った。玄関前の広場ではこの後、毎年バーベキューを開き集落民が楽しむことになった。

国県市の助成金も活かし……ＢＢＱも

最高裁の決定を受け係争は終わり、公民館の新築も合意、新しい住人が２組移住してきた。地区運動会では９地区のトップで初の優勝、それを祝して隣の市の温泉施設で初優勝記念交流会を開くと35人の老若男女が集まり大盛況。

ひづめ倶楽部も城ヶ峰に遊歩道の整備や桜の植樹、東屋の完成など活発に動いている。公民館の新築が成る頃、日詰集落は「地縁団体日詰区」の認定を市から受けた。公民館などの財産を区の名義で所有できることになった。

公民館の庭で「区民」総出でバーベキューを開くのが恒例となっていた。個人負担もあるが、集落がバーベキューに資金を出していることを問題視する声もほんの一部あった。

区長の坂下宛に「地区の農地・水・環境を守り維持する」国などの事業に参加しませんか、との文書が届き、説明会、集落総会でこの事業へ「日詰水土里協会」を設立し参加を決めた。参加の最大の理由は補助金を作業参加者への日当に充てることが出来、その額は団体の判断で可とのこと。参加者の了解を得て日当の一部をプールし、バーベキューの補助金に充て、小学生以下の子どもは無料とした。婦人会を中心野菜を集め、食材を整え、多くの人が火を燃やすU字溝を運んだり、子どもは会場の看板作り、花火の買い出しなどに参加した。毎年「ひづめ・夏・まつり」は盛り上がりを見せた。

公民館の完成を軸に地縁団体日詰区、ひづめ倶楽部、水土里協会・婦人会・青年団などの活動が結びつき、日詰集落が輝いて時期だったといえる。

坂下富家のソリューション

雪害・水害・空き地

遺産の土地・建物どうする

農家の次男だった父が分家し、金沢で修行した菓子（落雁など）作りを中心に菓子・醤油・酒・たばこを始め釘や鍋、唐傘など多種な品を扱う雑貨店を営んでいた。戦時中は羽振りが良かったのか、買わされたのか（後に坂下が発見）戦時国債が大量にあり、教材に使ったこともある。周辺の農地を手に入れ、父は養蚕工場や製材所建設も共同で手がけていた。

養蚕工場は戦後「文化会館」と名付け、週末などには映画館・青年団などの演芸会も開かれていた。そんな時坂下の母は会場で菓子や飲物を販売し、坂下もスクリーンの錦之介や裕次郎に熱狂していたのが懐かしい。父は時代の適応し、土地や建物の使い方を変え、雑貨店の扱う品も変え、仲間を組織し北海道への漆器などの販売にも乗り出している。今になってそんな父の「課題発見」→「解決」の気風が子の坂下に無意識に伝わっていたのかもしれないと、思うときがある。

床下浸水→陸屋根住宅へ

土蔵を建てるなど増築を重ねた我が家は、大雪が降ると中学生の頃から坂下の出番。L型の倉庫と住宅のつなぎ目に登り雪下ろしをし、最後はおろした雪に飛び降りるのが年2、3回もあった。結婚し3人目の子が誕生前年の秋に大雨で店舗前の排水路が溢れ、床下浸水に見舞われた。店舗部分の改築も検討したが、屋根の雪下ろしのこともあり、思い切って店舗兼住宅を鉄筋コンクリートに建て建て替えた。その後の車庫・物置建築でも積雪を考え鉄骨平屋根にした。坂下の住む地域では平屋根、ましてやコンクリート造りは珍しく、親戚の建設業者からは「コンクリートは止めて木造の方がいい」と勧められたが、雪下ろしの難を避ける気持ちが強く平屋根式建て方を選んだ。当時田舎では珍しい簡易水槽で下水処理をしたのは、2階にもトイレを設置、家の前に水路（床下浸水の原因）が幸い農業用水ではなく排水路だった。

建て替え期間の仮住まいは、佐原が近所に新築した住まいに移った空き家を借りた。佐原の新居は坂下とは全く違う作りで、純和風。布基礎を使わず塚の上に家を建て床下は風通しを重んずる高床式。坂下がまねたのは佐原の電化方式。初めはガス、灯油を主に使用していたが、深夜電力やＩＨなど電気主体の生活に変えた。

空き地対策に苦心　ソーラー発電所3機建設

父親からの遺産は店舗兼住宅、土蔵などの他に土地があった。土地は農地ではなく親の代から宅地や工場・作業場用地として貸していた。平成の声を聞く頃からその土地が次第に返却されてきた。最初の返却地の材木置き場は、何とか自作用の農園にしようと、妻や子どもを動員し、石を拾い集め、新しい土も入れた。10年を経てもピンポン球のような石が出るので野菜作りに苦労した。次には住宅が壊され土地が返却。ソフトボール大の石がゴロゴロし農地には出来ないし、先の畑で充分。

ソーラー発電所を作ると決め、建設計画に預金残高証明まで添えて農業委員会に許可を求めた。結果は「不許可」。先の住宅が「田」名義のままであり、「コンビニかアパートを作るなら許可できるかも」と、ソーラー建設はダメとの県の決定。

それまで何度か通っていた法務局を訪ね相談。「その土地は昭和27年にはどんな土地でした。その年以前なら農地法は適用されない」と教えられた。先の裁判用に取り寄せた米軍の昭和23年航空写真で「資材置き場」と判明、取り壊した住宅では26年に女の子が生まれていたことの証言もあり。申請を再提出。「許可」の書類が届いた。

次いで製材工場が取り壊され土地が返却され、旧材木置き場と宅地を交換する形式でソーラー発電所2号機、3号機を建てた。この完成を前に〝集落活性化策〟がひらめいた。

＊この地に製材所があった記念碑を建てる。

＊集落の皆さんを招いて完成式（神主のお祓い・隣村の青年団の獅子舞）

＊草を防止するのにヤギを飼う

＊完成式などの資金はクラウドファンディングで１００万円超募集＝お礼の品は「加賀藩献上田に学ぶうまいコメ」と氷見特産の干物・かまぼこ。１００万円超の目標は見知らぬ人の応募もあり達成、好天に恵まれ、地元で消滅した代わりの隣村青年団の獅子舞に多くの人が集まった。

どうする　新たな閉塞感迫る集落・地域・市

坂下が区長を務めていた時38を数えた戸数は２０２３年現在、事実上住んでいるのは25戸に減少している。日常住人がいなく他県や他の地区、施設暮らしが６戸。また、２０００年に26人いた19歳以下は３人となり、坂下が小学生の頃６校あった小学校は３校に減り、近年はそれを統合、義務教育学校として小中一貫の学校になった。坂下が中学生時代学年２００人いたが、２０２２年の９年生（中３）は18人となっている。日詰集落と中学校区は、すごい勢いで少子高齢化が進み、空き家も目立つ。山間の集落では廃屋が累々。

日詰集落でも周辺でも児童会が、続いて青年団が解散し、婦人会も２０２３年に解散し自治会（地縁団体日詰区）へ残存金を寄付して消滅した。集落活性化の組織であったひづめ倶楽部、日詰水土里協会も持続が困難で、解散寸前である。残るのは老人会と自治会しかない。

市の人口は6万人を超えていたが、2013年に5．1万、その9年後には4．4万余人と9年間で13・7％以上人口が減少している。富山県では同時期10万3千人（9．2％）減なので、H市の人口減の深刻さがうかがえる。

「少子化どころか、高齢者もいなくなり、山間地から麓の平野部の集落へ空き家が増え、20年後には畑や田んぼのほとんどが作り手がいなくなり、森になりイノシシや鹿の住み処になる。その対策を今から考えておくべきではないですか」と、市会議員に話したが、特に反応はなかった。

H市への〝とがった〟ソリューション案

国・県・市町村が競い合い、少子化対策を訴えている。日本の2022年の出生数は80万人を切った。国も地方自治体もこぞって少子化対策を唱え、幼児・小中学生・高校生へと医療費無償化など似たような政策を競い合っている。交流人口増加や人口減対策も似たようなもの。人口の多い都市はゆったりと、減少の著しい自治体は危機感が強い分、政策が具体的で素早い印象。

人口減を緩やかにするには、交流人口増加を図り、他の中小自治体に負けない〝とがった個性〟と知名度を高めることが必要ではないか。公共団体・地方自治体はおしなべて他の成功例や無理のない、当たり障りの少ないまろやかな企画や施策をたてていると思える。

H市は海越えの立山、寒ブリでいくらか知られているが、立山は見られない日もあり、たとえ眺めても旅行者には30分で良いだろうし、ブリは季節限定。2時間以上の滞留や体験をする観光地・施設も乏しい。多くの雇用を生む大型企業の進出も絶えてなく、市役所・病院・老人施設などが雇用数で目立つ。多くの市民が隣接の市などへ通勤する。坂下も40年間富山市まで初めはオートバイ、やがては車で通い続けた。市の少子化、労働力減少が進む中で、市内へ進出しようとする会社・団体はほとんど期待できないし、今のままの状況が続けば、人口減以上に雇用の場が失われていくことは目に見えている。

ここでは特に〝とがった個性〟の見当たらないH市へ、３つの企画案を提示する。

《第１企画》中学生スポーツ留学生募集…H市のとがるスポーツを活かす。

千葉県出身で富山県で活動するプロリーグのハンドボーラが「H高校は三冠を達成、春中ハンドなどH市は〝ハンドボールの聖地・メッカ〟と呼ばれている」と書いている。

また、過去２度の甲子園大会で１勝もしたことのないH高校は先の選抜野球に、21世紀枠で選ばれ、優勝した山梨学院に対し先制点を取るなどいい試合をした。市内の中学生の野球レベルは全国的にも高いが、高校は他市の野球部へ進むことが多かった。H高校野球部は、市内の野球少年らと交流指導し、H高校に誘い、近年は県内や北信越で頭角を現している。野球もハンドもH市の中学校のレベルは高く、その分野の指導者や選手の注目度は高い。

留学生受け入れは中学校のみならず、高校の選手層を厚くし、中高校生が活躍する姿は市全体に元気をもたらしてくれる。ハンドだけでなく高校野球でも〝聖地〟を目指すことに繋げたいではないか。

《第2企画》シングルマザーや働く単身女性を支援し、H市で住居や仕事を支援する。世の中、物価高・低収入・幼児施設入所難などで疲弊している若い女性がメディアなどで目立つ。彼女らをH市に引き付けることができ、数年でも、出来ればもっと長く定住してくれるなら、彼女らとその子たちの発信力は大きく、それが渦となり、大きな波及効果が期待できる。

《第3企画》うまいコメを作り、主に東京方面に通信販売で消費者に直接届ける。県都・富山市が大合併するまでは、H市の面積は県下一、すなわち田んぼや山林が多いことを示している。これらが自然のまま樹林になっていくのを見るだけでなく、活かす方策が〝Hブランド〟のうまいコメを作り、食べてもらい、知ってもらい、買ってもらうことである。

H市は他市で行われている規模の大きい園芸作物はなく、コメの単作地である。ならばそのコメをとがったHブランドにすることがひいては、H市の財産＝田んぼの樹林化をいくらかでも防ぎ、働く場を提供することになる。ブランド米作りと販売のノウハウは既にあるのだ。

それぞれの方策と課題

《第1企画》の方策

ハンドボール（男女）、野球それぞれ留学を希望する生徒を毎年5名計15名（程度）枠で選考し、市内の中学で学ぶ。市内家庭でのホームステイを斡旋し、留学手当て月2万円を支給し、ホームステイ費用の一部などに宛てる。中学卒業後のH高校進学は高校が選考し、合格して当該スポーツ部に属すれば、ホームステイと留学手当ては継続する。

《第2企画》の方策

H市での就業・居住相談を丁寧に行い、受け入れが決まれば居住手当て、幼児施設の斡旋、運転免許（持ってない人）取得費用の2分の1補助（残りは最長2年程度の返済条件で貸付）、その他の優遇策を用意する。若い女性の発信力に期待できる。

《第3企画》の方策

炊きたてはうまいし、冷めてもうまいコメ。そのコメの秘訣は〝加賀藩献上田〟とその栽培方法にある。＝詳しくは『コメの王様　中山間地米』（22世紀アートより出版、アマゾンで販売）＝同書は２０２２年日本自費出版文化賞に入選している。

H市内の普通の田んぼに献上田周辺の鉱石を砕いて撒くと1、2年で多くの人がうまいと感じる出来に仕上がる。その鉱石の産出地を所有しているのが坂下の先輩で共著者。25年ほど前、東京で3千部の新聞チラシを入れ、３００人以上の反応を得て、その後今でもそのコメを買い続けている方が相当数いる。高齢化や死去で減りつつあるが、口コミでも新規の客もある。通販価格は販売開始以来変わらず（送料は値上げ）、10キロ「ひみの舞」６２００円「こだわりの舞」４８００円、送料25キロまで１０００円。

１人10～15 ha耕作する50歳以下の営農者５、６人とその人の為のある程度まとまった地域に休耕予備軍などの田んぼを確保し、その地１haにまず鉱石を入れる。

《第１企画》の課題

留学生受け入れについての学校・教育者の理解、ホームステイ家庭の確保。資金については最後の《総合的課題》参照。

《第２企画》の課題

当面は少人数で受け入れを開始し、ノウハウを積みながらすすめる。最大の課題は当該女性に適合する職場の確保と斡旋。若い女性が働きやすい職場を発掘、育てる計画も求められる。

《第３企画》の課題

５、６人の営農者を公募し、それぞれ自立してコメ作りをしながら、互いの特技・特徴を活かして共助する。初期の開業資金の確保と公的援助がどこまで出来るか。状況を見ながら、コメ作り参加者、団体を増やすことになる。

《第1〜3企画》の総合的課題

Ｈ市元気プロジェクト（仮称）が作れるか・・・第１企画は教育委員会〇〇係、第２企画は子育て支援課、ハローワーク、第３企画は農林課、ＪＡ等々、縦割りで従来の部署に割り振る＝押しつけるのでは、この企画は成功しないことは火を見るより明らか。

プロジェクトメンバーは市役所内で公募し、出来ればリーダーは外部から広く公募することも必要。１〜３企画全てを一括担当し、必要により他の部署と協議調整できる体制を構築できるか。

何よりも市のトップの理解と熱意が、元気プロジェクト推進の原動力となる。プロジェクトの討議で「企画＝課題」に「解決（案）」が示せるか。さらに、１〜３の企画を超えるものが出るなら大いに祝福したいし、期待している。

資金は市予算＋α・・・企画の特徴・特異性を訴える広報の有効な手段として、県下トップを誇る「ふるさと納税」や「クラウドファンディング」を活用したい。もちろん人件費や事業費に相当額の市予算投入も求められる。

課題　子どもを主役に

閉塞感、先行き不安感から脱出する第一歩は、子どもを主役とする施策ではないだろうか。市は大型の文化施設に続いて、市役所跡と市民会館跡に次なる施設を考えているようだ。そこには子どもも巻き込む視点や施策が感じられない。そこで、市への課題として次のことを問いかけたい。

「子どもの遊び場所がH市にはない」――商談中の雑談に70歳台の男性が坂下に何気なく何の脈絡もなく言った言葉である。確かにH市には幼児や児童向けの遊べる施設も児童公園も坂下の知る限りない。まずこども広場を考えよう。

こども広場は、幼児と小学生が遊べることを基本にしたい。各地で進化した安全な遊具が設備されている例も聞く。それらを取り入れ、欠かせないのはユニークな滑り台、ジャングルジム・ブランコなどの遊具。そしてミニサッカーグラウンド、アスレチック広場など。簡素で良いが、県内外の子どもたちがあきずにそして何度も来たくなる広場にしたい。H市には豊かな自然と緑、広い土地がある。市役所跡と市民会館跡の施設に併設することも検討してほしい。

藤子不二雄ワールドをH市に――藤子F不二雄ミュージアムは川崎市に、その姉妹館は高岡市にある。H市には藤子不二雄Aさんのフィギュアも多く、ラッピング列車もタクシーも走っている。FさんとAさんは富山県が生んだ偉大な漫画家で表現者だ。この2人の世界をH市に「藤子不二雄ワールド」として具現化できれば、観光紹介施設・ふれあい施設にとどまらず、日本中の子どもたちが、その親が、祖父母が子どもと共に訪れるだろう。

課題は既存の藤子Ｆ不二雄ミュージアムの理解を得ること。その上をいく構想力で、見るだけでなく、子どもが主体的に楽しんで遊べる企画が不可欠。何よりも富山県が「富山県から誕生した偉大な漫画家」と理解し、ワールド事業に資金的・人的支援を惜しまないことも求められる。

あとがき

生まれも育ちも、今も田舎暮らしの坂下

アメリカ軍による富山大空襲が1945年8月おきた。この時「あっ、坊やが二階に寝ている」と母親が慌てたということを後に聞いた。自分がもうすぐ2歳になるころでした。富山市から30 ㎞も離れた氷見郡のしかも農村地帯をアメリカ軍が空襲するはずもなかったであろうに。

その「坊や」が私、坂下富です。姉2人、後に妹が生まれ4人中唯一の男の子。父が開いた商店は、饅頭や落雁（らくがん＝米粉と砂糖を焼いた法事などの茶菓）のほか、駄菓子・酒・たばこ・醤油・唐傘・針金・釘など多種多様な品を販売していた。

富山県氷見郡は富山市の北西で郡の中心から10 ㎞以上離れた速川村（現、氷見市日詰）という小さく狭い、当時としては当たり前の普通の世界に、一般の子よりはいくらか恵まれて生まれ育った坂下は、高校・大学と余り考えることなく進んだ。

県立高校か中学校教員を志望していたが、正月に富山大学教育学部の就職担当教授から私立高校の社会科教師を薦められた。富山短期大学付属高校で開校3年目に就職した。若い男性教師は少なく、県立高校退職者と女性教師が多かった。案外自由な雰囲気で、上下の気遣いもあまり必要と思われなかった。

この頃の思い出はとにかく受験生が多かったこと。入試問題も独自に作成するので2年か3年に1度担当がまわってきたこと。放送室の新設に向け他校の視察と設計をしたこと。その縁で放送部顧問になった。

私生活では3人の子に恵まれ、生まれた店舗兼住宅を改築し、鉄筋の2階家を建てていた。

「何で、どうして」から始まる　ソリューション

この本『ソリューション』を書いてみようと思い立ったのは、令和4（2022）年の11月でした。私の著作『コメの王様…加賀藩献上田に学ぶうまい米』（22世紀アート社出版、アマゾン等で販売）が、日本自費出版文化賞入選の通知でした。同賞協賛の朝日新聞のHPで研究評論部門での7人選ばれ、全7部門の応募総数721、入賞・入選70余人。富山県関係者は過去10年で私を含め6件。7部門の中に「個人誌」部門があることを知り、「自分の個人誌とは何だろう」と興味を引かれた。

何で、どうして（解決出来ないのか）と考える癖が自分にはあるように思えた。好きな事や決めたことには集中するが、ただ、飽きっぽいし、忘れっぽいので深く永く続かないのも坂下だ。

高校の化学実験でどの班も課題の結果が出ていないのを見て、担当教師の許可を得てある試薬を投入。

見事な発色で（課題達成!?）教室中の注目を浴びたことがあった。

富山大学教育学部1学年の冬、学生会選挙が実施されないことが聞こえてきた。先輩役員に訊くと「どうも1年生から役員立候補がないだろうから」という。1年生の何人かに尋ね「Tなら立候補するかも」とのこと。Tに「会長に立候補してくれ、自分が文化部長に」と立候補を勧め、役員が選出された。その後の総会に文化部長提案で「北陸の寒冷な地にありながら、大学の教室に火鉢とは・・」と、ストーブ設置を決議。1週間ほどでストーブが教室に入った。

2学年の時、文化部長として準備した北信越教育学部のセミナーに多くの2年生と長野善光寺の宿坊へ出向いた。宿坊の事務室でケネディ大統領暗殺をテレビで知った。日米間の初の生中継番組であり、リンカーン暗殺と比較してみんなの前で〃即報〃していた。

大学入学直後にユースホステルクラブと剣道部に属した。〃大学に入ったら旅行が出来る〃が第一の望みだった。同クラブは部員の旅行レポートや研究報告を文集にする編集を担当し、費用を安くするため刑務所へ通い校正をした。

当時は特に意識しなかったが、編集・校正体験とともに〃即報〃体験も私の潜在的血肉となり、新聞部顧問の道へ、そして高校新聞と地域のソリューションにつながったのではと考えることがある。

ワープロ独習　教師人生変容

ワープロとの出会いは、毎日新聞が教育論文を募集し、その景品が当時一式１００万円を超えていたワープロ、「よし」と思い挑戦した。が、原稿を見直すたびに書き直すのに手を焼いた。知り合いの業者に聞くと、金沢のワープロ文入力者を紹介された。が、またまた修正したい。そこで業者のつてで富士通の富山支店へ空き時間を見つけて通い、独学で操作し、論文完成。坂下の論文は入選なし、ワープロ機は夢に終わった。

１年もしないうちに事務室に富士通のワープロが入った。クラス通信などを手始めに、テスト問題、各種プリントを作った。事務員はじめ使う教師はいない中、ワープロにのめり込んだ一因は自分の書く文字にいくらかのコンプレックスがあったこともあるが、入力した後も何度でも推敲・手直しできてることが魅力だった。

やがて、小型ワープロ機やパソコンが出ると買い求め、同僚の歌集や詩集の出版用原版制作の手伝いもした。自分の日本史のプリントはマンガを入れて原始から現代まで作り上げた（歴史マンガ各社の了解を得て）。

学校新聞の原稿は生徒がワープロ入力＝データ化することで、印刷所への送稿から発行までの日時も短縮され費用も安くなった。

国際高校演劇祭ＮＥＷＳ『たてやま』の制作（１９８５年）は、特に坂下の体験をもとに「ワープロで作れば出来るのでは」との提案が大きく後押しした。更に普段の文書はもちろん、集落の裁判所への提出文などもあまり苦もなくできた。今、思えば、原稿を手書きで修正するのが億劫で、面倒くさがり屋の坂下がワープロ技能をいち早く身につけたことが、自身の教師人生を大きく変容できたのではないかと思う。

この本『課題解決』も『コメの王様』出版等もワープロ技能に習熟していなければ、思いもつかないことであったろう。

〝旅行〟が陰のライフワーク？

教師として同じ高校に40年間勤め、片道30㎞以上をオートバイや自家用車で通い続けた。教師のひとつの業務として始めた新聞部顧問の活動にのめり込んでいた。県新聞専門部代表としての北日本新聞版『らいちょう』創設や継続、全国新聞専門部の創設とその事務局長時代も〝課題解決〟の連続であった気がするが、充実した時期であった。が、授業や校務に支障を来さないように気をつけていた。退職後は全国高校新聞年間紙面審査賞の審査員を委嘱され２０１６年まで高校新聞に関わった。この間新聞を通していろんな人、いろんな場面に出会い、楽しくいろんな人と交わった経験は自分の人生にとって大きな財産となった。

その一方で陰のライフワークは旅行と言えそうだ。大学入学以降、休みになればリュックを背負い旅行をしていた。その後も個人か団体、業務（特に研修旅行＝修学旅行の下見など）にかかわらずよく旅行をした。教師歴8年目で県の海外教育視察派遣事業参加を勧められ、当時最も高額なＪＴＢルックで24日間世界一周をした（4分の1自己負担）。当時のソ連を手始めに、景色の素晴らしさにスイスでは8ミリカメラと写真を撮りまくったこと、ニューヨークのホテル前でバスのトランクルームから降ろされた小さめのバッグを置き引きされ、路上にバッグや衣類が散乱していて、警官がホテルを探し、警察分署へパトカーで連れて行かれたこともあった。

中国への2度目は職場仲間を中心に地域の知り合いや娘の大学同級生なども参加し、独自のプランで団体を組織、シルクロードの敦煌まで足を伸ばした。日本中で全都道府県に足跡を印しただけでなく、全都道府県に宿泊した。プラン作りは楽しくついつい欲張り過ぎてタイトな日程を組む癖もあった。それらの旅行をきちんと記録保存する気質がないのが今思えば残念。もう1冊も本が書けたのでは……。

若い時期に知ることはもちろん大切、でも知るだけではダメ。知る中からでも趣味の中からでも好きなことを見つけなさい。最高なのは楽しんでやれることを持つことではないか。……これは孔子の「知之者不如好之者、好之者不如楽之者」の坂下流解釈。

著者略歴　　坂下　富（サカシタ　ミツル）

1943 年 富山県生まれ　1966 年３月富山大学教育学部卒業
1966 年４月 富山女子短大付属高校勤務＝共学化し富山国際大付属高校に改称 2000 年
1979 年４月 同校新聞部顧問
1992 年 富山県高校文化連盟（高文連）新聞専門部代表
1995 年２月 全国高文連新聞専門部設立準備会事務局長
1996 年４月『コメの王様　中山間地米』桂書房版上梓
1996 年５月 全国高文連新聞専門部事務局長～2003 年
1997 年１月 集落の区長に選任（計３期６年）
2006 年３月 富山国際大付属高校退職
2006 年 全国高校新聞年間紙面審査賞審査員～2016 年
2012 年 氷見市老人クラブ連合会副会長
2021 年『コメの王様　中山間地米』増補版＝22 世紀アート＝上梓
2022 年 11 月 同上書第 25 回日本自費出版文化賞入選

課題解決《ソリューション考》

高校新聞界&地域で
弱小新聞部顧問からの軌跡

2024年 1月31日　初版第1刷発行
2024年 7月31日　初版第2刷発行

著　者　坂　下　富
発行者　向田翔一

発行所　株式会社22世紀アート
〒103-0007
東京都中央区日本橋浜町3-23-1-5F
電話　03-5941-9774
Email: info@22art.net　ホームページ：www.22art.net

発売元　株式会社日興企画
〒104-0032
東京都中央区八丁堀4-11-10 第2SSビル 6F
電話　03-6262-8127
Email: support@nikko-kikaku.com
ホームページ：https://nikko-kikaku.com/

印刷
製本　株式会社PUBFUN

ISBN：978-4-88877-280-8